東京藝大美術学部

究極の思考

増村岳史

Crossmedia Publishing

はじめに

現在、私は、ビジネスパーソンや一般の方々、そして企業向けに、アートやデザインを通して脳を活性化し、新たな知覚と気づきの扉を開く「アート・アンド・ロジック」という講座を主宰しています。

その中には、たとえば絵画の基本である「デッサン」を2日で描けるようになるなど、数種類の講座がありますが、いずれも私自身がファシリテーターを務め、東京藝術大学（以下、東京藝大）美術学部卒業生の画家やデザイナーの方々を美術講師に迎えて実施しているものです。

こうした講座や講演の終了後には、さまざまな方々とお話をする機会があります。そこで特徴的なのは、20代の後半から30代の前半のビジネスパーソンを中心に、「美術系の大学院に入学して、ＭＦＡ（マスター・オブ・ファインアート＝美術学修士号）を取得したい」という相談が徐々に増えていることです。

美術系大学の卒業生ならばまだしも、一般の大学を卒業し、ビジネスの最前線で日々、活躍されている方々からこうした話が出ているのです。そのことに驚くとともに、「やっと日本でも、アートをビジネスに活かす時代の扉が開き始めたのだ」と心の中で確信を深くしています。

ＭＦＡがＭＢＡに取って代わる？

〝MFA is New MBA〟という一文をご存じでしょうか？　これはアメリカの著名な文筆家であるダニエル・ピンクが「ハーバード・ビジネス・レビュー」で２００４年に書いた論文のタイトルです。この論文の要旨は、「複雑化した現代社会において、アートの力を身につけることは、経営学を学ぶことに匹敵する。もしくはそれ以上に重要になってきている」というものです。

この論文から４年を経た２００８年に、「ニューヨーク・タイムズ」にダニエル・ピンクのインタビュー記事が掲載され、この〝MFA is New MBA〟という一文が当時のビジネス界で話題になりました。

思い起こしてみると、同じ２００８年の9月にリーマン・ショックが起こり、世界規模の金融危機が発生しました。きっかけは、サブプライムローンの不良債権化によるものです。至極簡潔にまとめるなら、このリーマン・ショックは、「ロジックに基づいた金融工学の破綻」を象徴するような事件だったといえるでしょう。

今まで誰もが信じて疑わなかった「ロジック」だけでは、この先、どうにもならないということに、大きな代償と引き換えに世界中の人々が気づいたのです。

こうして世界経済が大きく落ち込んでいる中で、好業績をマークしている会社がありました。それは皆さんもご存じのアップルです。

アップルは、２００７年に「スマートフォンの代名詞」ともいえるiPhoneを発売し、世界をあっと言わせました。翌２００８年（まさにリーマン・ショックのとき）には、アプリケーションを販売する「App Store」がカットオーバーし、１日あたり平均１００万ドルの売上を記録したといいます。

１９９７年に復活を遂げ、アップルを牽引していたスティーブ・ジョブズは、この翌年に病気の治療に専念するために休職しますが、残念ながら２０１１年に帰らぬ人となってしまいました。

彼は結果として偉大なる経営者でしたが、むしろ「偉大なるアーティスト」して、皆さんの記憶に残っているのではないでしょうか？　彼自身も自らをアーティストのひとりと捉えて、次のような名言を残しています。

「深刻に考えすぎないことだ。アーティストとして創造的な生き方をしたいのなら、あまり後ろを振り返らぬようにすべきなんだ」

世界経済がどん底を迎えていた中でのアップル躍進の原動力は、テクノロジーとアートの融合にあったのです。

ダニエル・ピンクが論文〝MFA is New MBA〟を発表してから15年以上が過ぎました。現在、ビジネスにおいてアートの果たす役割はとても大きくなっています。

デザイン思考やアート思考などの思考体系は、ビジネスの分野で活用されていますし、そもそもはデザイン用語である、ＵＩ（ユーザーインターフェイス）やＵＸ（ユーザーエクスペリエンス）は今や一般名詞化しています。

事実、アメリカではＭＦＡホルダーがビジネスを牽引しています。

ＩＢＭには１７００人以上のデザイナー職の人々がいますし、Amazonのユーザーインターフェイスが秀逸なのも、社員デザイナーを多く抱えているからです。

これらの会社の中で、ディレクターとしてデザイナーをマネジメントしているのが、まさにＭＦＡホルダーなのです。

また、彼らは高額なギャランティをもって企業に迎えられます。なぜなら稀少価値があるからです。アメリカにおいても日本同様、美大を目指す人は決して多くはいませんし、ましてや美大の大学院に進学する人など稀《まれ》な存在です。

稀少価値で、かつ現代のビジネスにおいては、その専門性を活かしてハイパフォーマンスを発揮できる人たちですので、当然のことながら報酬も高いわけです。

コロナ禍にあってもブレない、東京藝大で学んだ人たちの言葉

今、日本を含め世界中が、これまで体験したことのない未曾有の危機に直面しています。

実際、東京藝大美術学部の卒業生である私の講座の講師陣や知り合いのアーティストたちも、予定されていた展示や個展が次々に延期・日程変更などの憂き目に遭っています。

そうした藝大卒のアーティストのひとりと、つい先日、リモートで会話をしたのですが、驚いたことに、開口一番の言葉は「やることは一切、変わっていない」でした。

また、以前に講師をお願いしていた、同じく藝大美術学部出身のアーティストの方との最近の会話の中で、印象深かったひと言は、「終わりや結論の見通しを立てず、永遠を受け入れる」ということでした。

つまり彼らは、周りの環境がいかに変わろうと、すべて自らの意志に基づき、ブレることなく自身の〝仕事〟をし続けています。常に今ある事実を受け入れつつ、「自分への問い」を発し続けながら日々を過ごしているのです。

教育環境は少なからず個々のパーソナリティに影響を与えます。

のちほど本文で詳細を記していきますが、東京藝大美術学部において、一般の大学と最も異なるその特徴は、極力、教えずに「見守る」ことにあります（もちろん、質問を受けたら、先生方は懇切丁寧に指導をするそうです）。

卒業までの単位の7割以上は、講義への出席やテストではなく、自身の手で作り上げた作品の提出によるものです。とことんまで「自ら考える」ことを常に促している、日本では類《たぐ》い稀な学《まな》び舎《や》であると思います。

予想もしなかった再会

実は私が「アート・アンド・ロジック」の講座を始めたことも、講座の美術講師陣が皆、東京藝大の美術学部出身であるのも、偶然がいくつも重なり合っての結果です。

私は以前から、展覧会やギャラリーのまとめサイトなどを見て、気に入った作品が見つかれば、なるべく足を運ぶようにしていました。8年ほど前のある日、「これはぜひとも実物を見たい」と強く感じた作品に出合いました（こんなことはめったにありません）。作家名をチェックすると、この作品を制作した作家、なんと私が15年以上会っていなかった親戚（はとこ）だったのです。

残念ながら作品をサイトで見たときには、すでに彼女の展示は終了してしまっていました。私は実家に電話して彼女の連絡先を教えてもらい、15年ぶりの再会をすることになったのです。会った当時は東京藝大大学院の美術研究科工芸専攻の修士課程を修了したばかりでした。

再会といっても、最後に会ったのは彼女が12歳くらいのときですので、実質的にはほぼ初対面に近い状況でした。そこから十数年ぶりの交流が始まり、埼玉にあるはとこの家を訪れることになりました。

彼女のお父さん（つまり私の父のいとこ・従叔父《じゅうしゅくふ》）は漆芸の重要無形文化財保持者、いわゆる人間国宝で、東京藝大で教えていましたが、すでに退官して名誉教授となっていました。家は自宅兼工房でした。

久々に従叔父に挨拶をし、応接間に通されました。

そこには1枚の絵が展示されていました。その絵が私の琴線に触れたので作家名を聞いたところ、はとこの同級生で、藝大の絵画科油画専攻（一般的な美大でいう油絵科にあたる学科）にいるOさんという画家の作品でした。彼の作品も観たくなった旨をはとこに伝えたところ、車で20分ほどのところにアトリエがあるそうで、彼女の運転で行ってみることになったのです。

そこは2階建ての廃工場をリノベーションした空間で、1階がアトリエ、2階が住居となっていました。その場所は当時、4人の画家たちの共同アトリエであり、2人の画家の住居も兼ねていました。

この日を境に、はとこの家に展示されていた絵を描いた画家のOさんと親しくなりました。当時、彼は東京の新宿三丁目にある画材屋「世界堂」でアルバイトをしていたので、よくアルバイトが終わった後に新宿近辺で飲むようになり、アトリエにもたびたび訪れるようになりました。そうしているうちに、共同アトリエで彼と寝食をともにしている画家のIさんとも仲良くなりました。彼と私はレコード収集という共通の趣味があり、音楽仲間として親しくなりました。

2人と親交を深めていくうちに、彼らの思考、そして考え方や視点のユニークさに何度も驚かされました。そして何といっても、年齢でいうと私より20歳以上も年下なのにもかかわらず、絵を通じて「世の中にない新たな価値」を日々、創り上げていくその姿勢・態度（彼らは当時、「アティチュード」と呼んでいました）と情熱に感銘を受けました。

こうして藝大美術学部の卒業生たちとの交わりを深める中で私は、彼ら芸術家たちの持つ思考こそが、日本でビジネスに携わる人たちに必要なのではと考え始めます。そして、ビジネスパーソンに向けて「デッサンを描くことによって新たな知覚の扉を開く」という講座プログラムのアイデアが浮かんだのです。

多彩な人々が学ぶ「究極の学び舎」

彼ら2人と彼らの先輩である女流画家のYさんの協力を得て、半年間をかけてこのアイデアを実現するプログラムが完成しました。前述のように、私がファシリテーションを担当し、藝大卒業生が美術講師を務めるという形です。一部の講師の方は、今でも私の講座で指導にあたっていただいています。

さらには、彼らや私のはとこを通じて、多くの藝大美術学部の現役学生や卒業生たちと親しくなりました。

また、私が以前に勤務していた会社の後輩を仲立ちにして、藝大のデザイン科の卒業生であるSさんとも知り合いました。卒業後にアメリカのニューヨークに渡り、MFAを取得したのちに14年半、現地でデザイナー、アートディレクター、クリエイティブディレクターを務めた後に日本に帰国し、ナイキジャパンのゴルフ部門で11年間にわたってブランドデザインディレクターを務めた方です。ちなみにSさんも現在、私が主宰しているアート・アンド・ロジックの講師をはじめ、企業向けのデザイン研修やブランディングの仕事などのお手伝いもしていただいています。

加えて、Sさんの藝大時代の後輩のデザイン科の教授や、企業経営者とも知り合いになるなど、交流は年を経るにつれて大きく広がっています。

こうして幅広い年齢層の東京藝大関係者と懇意にさせていただいて、はや7年ほどが経ちました。

すでに亡くなっていますが、私の父は画家であり、先ほども少し触れたとおり、父方に芸術家が多い芸術家系に育った私ですが、芸術とはほぼ無縁の一般大学の経済学部に進み、一般企業に就職し、20年ほど会社勤めをしました。

アーティストである彼ら彼女らと出会うまでは、私の周りには一般企業に勤務する社会人しかいませんでした。一時期、企画制作部門にいた頃は、美大卒のデザイナー職の人たちとビジネス上で仕事をご一緒したことがありましたが、キャリアの多くの時期は決してそうではありませんでした。

あらためてこの7年間を振り返ると、何十人、いや2桁では済まないくらいの藝大生や卒業生、そして従叔父を含めて現役教員や教員経験者の方々ともお会いし、東京藝大にも足繁く通いました。

「奇人変人たちの集まり」「最後の秘境」などなど、魑魅魍魎のごとく奇怪なイメージさえつきまとっていますが、単に「奇人変人」という言葉だけで片付けてしまうのはもったいないほど、ユニークでバラエティ豊かな人々が学ぶ究極の学び舎、それが東京藝大美術学部なのです。

これから、私が実際に肌で感じた東京藝大美術学部を解体していきたいと思います。

2021年4月

増村 岳史

東京藝大美術学部　究極の思考

目次

第1章

究極の思考力入試——問われるのは、「自分」とは何か？

第2章　何を教わり、何を学ぶのか――ひたすら考え、カタチにしていく4年間

第4章　これからは「アートフルな人材」が日本を引っ張っていく

序章

偏差値教育を「越境」した人たちが集まる唯一無二の大学

出身高校の偏差値で40～70台までが集う 日本で唯一の最高学府

日本には７９５校もの大学があります（文部科学省「令和2年度学校基本調査」より）。そのうち国立大学はわずか86校しかありません。その中でも芸術系の国立大学は、東京・上野に位置する東京藝術大学（以下、東京藝大）１校のみです。

上野動物園の横にある東京藝大は、まさに〝人間動物園〟です。これまで私は３００人以上の現役の藝大生および卒業生たちと接してきましたが、皆、一人ひとりがとても個性的でかつユニークです。

一般的な大学入試の場合、受験偏差値による序列がつけられています。日本の最難関は東大、それに続くのが理系なら東工大、文系なら一橋、そして旧帝大系の国立大学。私立の難関であれば早稲田、慶應、上智、それに続いてＭＡＲＣＨ……など、いずれも偏差値の高い順に序列ができています。

また、受験偏差値の高い高校からは、受験偏差値の高い大学に進学する確率が高いのも事実です。たとえば、東大合格者が最も多い開成は偏差値78と全国トップです。そのほかにも難関校と呼ばれる学力偏差値の高い高校ほど、難関大学への進学率は高い傾向にあります。

試しに東大合格者数上位の難関高校の偏差値を調べると、次のようになります（〔　〕内は所在地と偏差値）。

筑波大学附属駒場〔東京・78〕、*麻布〔東京・72〕、*聖光学院〔神奈川・75〕、灘〔兵庫・79〕（*聖光学院・麻布は高校の募集はしていないため中学校の偏差値を記載）。

決して個人の価値を偏差値のみで評価したいわけではありません。しかし、偏差値40台の高校から東大に合格した例はあるでしょうか？ほとんどないと思いますし、わずかな例は、それこそ奇跡の部類に入るでしょう。

つまり、基本的に日本の大学には、受験偏差値で括られた「同程度の学力を持つ、よく似た傾向の人々」が集うのです。これに異論を唱える人はあまりいないと思います。

しかしながら、この受験偏差値の基準が東京藝大にはまったくあてはまりません。全国のさまざまな高校から多種多様な人々が入学する唯一の大学、それが東京藝大の美術学部です。

たとえば、私が今まで知り合った東京藝大生や卒業生の人々の出身校も、農業高校などの専門学科高校から全国的に知られた超進学校までさまざま。偏差値40台から70台までの人々が集う、日本で唯一の学び舎なのです。

一般の大学は、同じような受験偏差値の人々が集まりますので、それぞれの学校ごとにカラーや特徴がありますが、この偏差値教育を「越境」した人たちが集まる唯一無二の大学には、当然のことながらさまざまな人々が集います。

そういった意味を込めて、先ほど、「上野動物園の横にある〝人間動物園〟」と記しました。偏差値を超越した人々の学び舎は極めて多様性が高く、「究極のダイバーシティ学校」といえるのです。

アートを学ぶことは「自分ごと化」を突き詰めること

ここ数年、デザイナーやアーティストが持つ思考の方法や体系をビジネスの分野でも活かしていこうと、さまざまな団体・機関・法人がデザイン思考やアート思考といったものを取り入れようとしています。

この流れからでしょうか、「はじめに」でも少し触れたように、最近、ビジネスパーソンの中でも美術系の大学院に入学し、MFA（美術学修士号）の取得を目指している方々と話す機会が増えています。

話を聞いていると、こうした方は大きく2つのタイプに分かれます。

1つ目のタイプは、キャリアアップの方法として、いわば「新たなビジネススキル」の獲得を目指している人々、そして2つ目のタイプは、ロジカルシンキングを軸とした「課題解決のみの世界」に行き詰まりを感じている人々です。

私の実感としては、後者のタイプの方々のほうが多いように思われます。

彼らの話を掘り下げると、たとえば「今まではあらかじめ用意されていた問題を解決することばかりに人生を費やしてきていた。それはそれで大切だが、これからAIがますます発達すると『人間にしかできないこと』がさらに重要になる。それについて自問自答した結果としてアートを学びたい」と言う人もいます。大なり小なりこうした結論に達した人が多いのです。

では、実際にアート作品を日々制作し続けているアーティストたちは、アートをどう捉え、どう向き合っているのでしょうか。

彼らは日々、自身の内から湧き上がる「純粋なる衝動」によって作品を作り続けています。彼らの究極の目標は、今までにない表現を発明することにあります。

過去の偉大なアーティストたちは、自分の内側を見つめ、新たな表現の発明をし続けてきました。たとえば、ピカソは抽象画（キュビズム）を発明し、ダリはシュールレアリズム（現実を超えた超現実）を発明しました。

アーティストたちは、全身全霊ですべてを「自分ごと」として捉え、日々、制作活動という〝仕事〟をしているのです。

ここであえて、〝仕事〟という言葉を使いました。私がこれまで出会った東京藝大卒のアーティストたちの多くは、自身の制作活動を〝仕事〟と表現しているゆえです。

彼らにとっての〝仕事〟とは、与えられるものではなく、自らの信念に働きかける行為です。つまり、アートを学び、制作する行為そのものが、「自分ごと化」を突き詰めて行くことなのです。

重要なのは「本質的な思考力」

偏差値教育を「越境」した人たちが、自分ごと化を突き詰めていく過程で、最も重要なのは「本質的な思考力」です。

近年、受験の場において、〝思考力入試〟という言葉が声高に叫ばれています。たとえば文部科学省（文科省）は大学入試で何を評価すべきか、次のように表明しています。

> 高等学校教育と大学教育の接続面である大学入学者選抜において、「学力の3要素」
> （1）知識・技能、（2）思考力・判断力・表現力等、（3）主体性を持って多様な人々と協働して学ぶ

> 態度）を多面的・総合的に評価し、大学教育における質の高い人材育成につなげていくことが重要である。このため、個別大学の入学者選抜において、「思考力・判断力・表現力」や「主体性を持って多様な人々と協働して学ぶ態度」を評価することが必要である。
>
> （文科省 大学入学者選抜改革推進委託事業（高等教育局大学振興課大学入試室））

つまり、知識があった上で、これを活かし、思考し判断し表現ができる人材がこれからは最も必要であり、重要である、と言っているわけです。

これはまさに、アート作品を制作していく上で必要最低限な要素です。

アーティストが作品を制作するプロセスは、おおよそ以下のとおりです（もちろんこの限りではないアーティストもたくさんいます）。

①作品のビジョン・アイデアが浮かぶ

②具現化するために思考を巡らせ、必要とあらば、さまざまな取材（リサーチ）をする

③作品制作をし、自己の表現をする

④作品展示をするためにさまざまな人々と協働する（このプロセスは②③と同時になされることもしばしばある）

ここで重要なのは、「どう描くか」ではなく、「何を描く（表現する）のか」。つまり、ビジョンを実現させるための「本質的な思考力」が、最終的に作品としてアウトプット化するのです。

この「本質的な思考力」については、このあと本論で深掘りしていきます。

アート思考・デザイン思考はビジネスツールだけではもったいない

ちなみに私は、アート思考やデザイン思考については、単にビジネスツールとしてのみ使うのではなく、人が生きていく中で、個々人の持つ「潜在的な可能性の扉」を開けるためのきっかけとして体感してほしいと考えて講座を設計しています。これらの考え方は、特にビジネスにおけるアートの取り入れ方などのヒントになるかもしれません。

私が主宰している講座は、大きく「アート系」と「デザイン系」に分かれています。

「アート系」の講座は、デッサンをたった2日間で驚異的に描けるようになる講座です。

この講座は、これまで個人・法人を合わせて700～800人ほどの方に受講していただいていますが、受講された皆さんは異口同音に「モノの見方や感じ方が大きく変わった」「自分では絵を描くことなど到底ムリだと思っていたが、ここまで描けるようになれて、自分の大いなる可能性に気づいた」など、大変ありがたい感想をいただいています。

主に企業向けに実施している「デザイン系」の講座は大きく3つがあります。

1つ目は、メンバー全員が力を合わせて、（会社という大きな括りではなく）所属部署やチームのロゴを作っていく「デザインセッション」という講座です。ロゴを制作することで理念の共有を図りつつ、デザインの力でチームビルディングをします。

2つ目は、ビジュアライズしたメモが取れるようになる「ビジュアルメモ講座」です。会議やプロジェクトの議事録、クライアントとの商談などの内容・メモに、文字に加えてビジュアルを追加し、より高次元のコミュニケーションを円滑にできるようにします。わかりやすくひと言で表現すると、「グラフィックレコーディング」のメモ版です。

3つ目は、企業の「ブランディング」の講座です。企業のビジョンやミッション、バリユーを、クライアントの方々と、アート系の研修やデザイン系の研修を融合させて策定し、それを企業ロゴやデザインに落とし込んでいくものです。

現在はこれらの講座に加えて、高校・大学などさまざまな教育機関や団体などで、講演や体験的なミニ講座も行っています。リアルでの対面の講座に加えて、最近はオンラインでの講座も開催しています。

昨今のデザイン思考やアート思考の文脈の流れでしょうか、おかげさまで年々、お声がけをいただく機会が増えています

本書の構成について

第1章では、東京藝大卒のアーティストへの取材を基に、受験当時を振り返ってもらい、合格までの道のりから垣間見える「究極の思考力入試」の本質に迫っていきます。

他の大学、ましてや他の美大でもありえない、「傾向がまったくなく、変幻自在で対策の立てようがない、ユニークかつトリッキーな入試」をどのようにしてクリアしてきたかは、それぞれの物語でもあります。

第2章では、実際に入学したあと、どのような授業や指導を受けて、制作活動を実践していくのかを、卒業生のアーティストや現役の学生、教員経験者への取材を通して紹介し、「東京藝大ならでは」を深掘りしていきます。

第3章では、ビジネスのさまざまな分野で活躍する卒業生から得られたエピソードやヒントを探っていきます。東京藝大という名前から、卒業生のほぼ全員がアートに関わる職業に就くイメージが強いと思われますが、意外やアートの学びをビジネスに（結果として）活かしている方も多いのです。

第4章では、予測不能なさまざまな事態が起こる今の時代において、「アートを学び、体現する」という経験がどのように作用し、どのように日本の未来を拓いていくのかを考えていきたいと思います。

第1章

究極の思考力入試
── 問われるのは、
「自分」とは何か？

そもそも「美大を目指す」というのはどんなことか

大学を経て社会人になっている読者の方は、そもそも、どんな動機で大学に進学しましたか？　ご自身の高校生時代を少し振り返ってみてください。

私の場合は、この先、会社勤めをするようになるのだから、将来、就職に有利なのではないかという漠然とした思いで、経済学部に進学しました。

また当時は、「美大には死んでも行くまい」とも思っていました。現在、アートに関わる仕事をしている私がいうのもなんですが、私の父が美大出身の洋画家であり、反抗期の延長線上での判断であったと今になって思います。

ともあれ、ごくごく一般的な高校生であれば、多くの生徒が、私のように「漠然としたイメージ」のみで進学希望先を選ぶのではないでしょうか？

当時のクラスの中には、強い意志を持って医学部に進学希望をしたA君もいました。ただ、私が経済学部への進学をなんとなく思い描いたのも、A君が医学部を志望したのも、「将来的に食べていけそうな職業に就くこと」を目指していたからなのは確かです（その後、A君は見事医学部に合格しました）。

美大に進学する人のマインドは、こうした一般的な高校生とは一線を画しています。たとえば、自分の好きなことを追求してしまうタイプの人々なのです。将来に対する打算を一切しない、純粋な心を持った人たちも多いといえます。

余談ですが、私が「美大なぞ死んでも行くものか」と思った理由として、親に対する反抗期の延長という話をしましたが、それ以上に、洋画家の父や漆芸家の大叔父のリアルを知っていたことも大きな理由です。

私の大叔父の増村益城（故人）は、漆器の人間国宝で、おそらく親戚の中でも最も出世した人物ではありましたが、漆芸家として頭角を表し花が咲き始めたのは、齢四十を超えてからでした。また、家に遊びに行くと、いつでもろくろを回していたり、縄を編んでいたりと、常に作品制作をしていました。

いつブレイクするかわからない職業で、しかも、飽きずに来る日も来る日も制作活動を続けることなど、どう考えても自分には無理と思ったからなのです。

「好きこそものの上手なれ」とは言いますが、好きなことをするのと、生計を立てて行くこととは、10代の後半ともなればおおよその分別がつくものです。ただ、あえて好きな道で生きて行こうというマインドを持つ「美大を目指す人たち」は、ことなかれ主義の時代にあっては貴重な存在であるのです。

バラエティ豊かな合格者、志望者のバックグラウンドもさまざま

「はじめに」でも述べましたが、東京藝大の油絵科（正式名称：絵画科油画専攻）は常に17〜20倍、時には30倍以上の年もあるという、日本の大学の中で最も競争率が高い学科です。ちなみに、競争率が高いといわれる早稲田大学でも6〜7倍です。

この日本で最も狭き門をくぐり抜けて合格する人は、どのような人なのでしょうか？

序章でも述べたように、合格者を偏差値的な属性で見ると40台から70台までとさまざま

で、定量的なデータによってひと括りに測りづらい大学だといえます。

一般の大学と比べると、入学するまでの経歴がユニークな人が多いのも特徴です。紙幅の関係で、私が知っている油画専攻の藝大生・卒業生のうちの一部に限っても、次のようなユニークなプロフィールの方々が多々います。

- **高校卒業後に美容専門学校に行き、ヘアメイクのアシスタントの仕事を経て入学した人**
- **高校卒業後にフリーターを経て肉体労働の職を数年したあとに絵を学びたくなり、入学した人**
- **企業を早期退職した元メーカーエンジニアの人**
- **女性の方で親から「女に教育などいらん、もし大学に行きたかったら東大か藝大であれば学費を払ってやる」と言われ、「なんとなく絵を描くほうが向いてる」と思い高校時代に絵を描き始めて入学した人**
- **農業高校で花に興味を持ち、花の美しさに感銘を受けて入学を志した人**

私の周りだけでもこれだけバラエティに富んでいるので、探せば「元○○」の藝大生はもっと多いはずです。

また、他の美術系の大学にいったんは入学しながらも、仮面浪人を経て入学する人が多いのも特徴です。

このように、一般の大学のように偏差値に基づいた定量的な基準がないため、多種多様な人々が集まる「究極のダイバーシティな場」というべき大学なのです。

では、どのような基準で、どのような試験を経て入学が許可されるのか？　これについて興味を持たれる方も多いと思います。こちらはこのあと詳細を述べていきます。

1浪、2浪は当たり前

一般の大学に比べると多浪生（2浪以上での合格者）の割合が高いのも、東京藝大の大きな特色といえるでしょう。

２０２０年の大学入試全体における現役合格率は77・6％※となっている中で、東京藝大が発行している「大学案内２０２１」によると、美術学部の現役合格者比率はわずか22・5％です（参考までに、東京藝大の音楽学部の現役合格率は78・8％と、一般の大学入試の現役合格比

※ 出典：政府統計の総合窓口　https://www.e-stat.go.jp

率よりもやや高い数字）。

私が今まで出会った卒業生の中では、8浪されたという方がいました。

8浪、つまり小学校入学から中学2年生までと同じ年月を浪人生活に費やして合格を果たしたのです、驚嘆すべき事実ではありませんか。

この点については、笑えるような笑えないような話もあります。

実は現役合格者にとっての1年生の時期は、とても生きづらい場であるそうです。

のちほど第3章のインタビューにも登場する、現役合格をされた卒業生の坂本博史さんによると、入学するや否や、先輩はおろか同級生にさえも子供扱いをされたとのこと。

いじめとは言わないまでも、「浪人生活という苦渋を舐《な》めず、苦労を知らずに入学しやがった青二才が」と言わんばかりの冷たい視線を浴びたそうです。

ちなみに2年生に進級したあとは、このような扱いは受けなかったそうですが、坂本さんは、それまで自分では味わうことができなかった先輩風を吹かせる醍醐味（？）を知りたいがゆえに、あえて留年をしたそうです。

では、なぜ他の大学に比べて、また現役合格者の多い音楽学部と比べても、美術学部はこんなにも浪人生が多いのでしょうか？

その原因は「入試問題」にあると私は考えています。

対策の立てようがない、「傾向」のない超難関入試

一般的に入学試験には、「お受験」と呼ばれる小学校受験から、中学入試、高校入試、そして大学入試に至るまで、必ず学校ごとの傾向があります。当たり前ですが、傾向があるからこそ対策が立てられるわけです。

読者の皆さんも、志望校の入試の過去問を解いて、受験の傾向と対策をしたはずです。

しかしながら東京藝大の美術学部、特に油画専攻においては、明らかな傾向がまったくみられない変幻自在な入試問題が毎年出題されるのです。

ちなみに藝大の卒業生で、現在は私が主宰するアート・アンド・ロジックの美術講師を

お願いしているアーティストから聞いた話があります。

東京藝大以外の各美大受験については、実技試験の傾向と対策があり、予備校講師は各美大の出題傾向に合わせて指導するとのことです。

しかし、こと藝大受験に関しては、出題される試験課題の傾向がない。そのため美術予備校では「東京藝大を卒業した講師たちが、過去問も参考に、藝大の先生たちが出しそうな課題を考え、その課題で受講生が絵を描く」というのを繰り返すそうです。

過去の入試問題はどんなものか

では、実際にはどんな試験問題が出題されるのでしょうか？

東京藝大に限らず、美術系の大学の入学試験は、学科試験と実技試験に分かれます。

たとえば、油画専攻の具体的な試験科目としては、①センター試験、②第1次実技試験（素描＝デッサン）、③第2次実技試験（絵画＝油絵）となります。

2020年度（令和2年度）までの4年間の油画専攻の入試問題は次のとおりです（東京藝大ウェブサイトより。出題に関わる条件や注意書きなどの詳細は場合により省略）。

〈令和2年度　第1次実技試験　素描〉

出題　「三つの手」

【条件】「りんごを持つ手」「紙を持つ手」「何も持たない手」の全てを描くこと。

【モチーフ】りんご・トレーシングペーパー

〈令和2年度　第2次実技試験　絵画〉

出題　絵を描きなさい。

【条件】

・カンバス、スケッチ用紙を試験室から持ち出すことはできません。

・制作にイーゼルを使用する場合は、室内の置き場所から１人１台持ってきてください。

・また、椅子は１人２個まで使用できます。

〈平成31年度　第1次実技試験　素描〉

出題　世界に目を向ける（Looking at the world.）

世界を見通す（Seeing through the world.）

世界を映す（Reflecting the world.）
枠内の言葉をテーマに描きなさい。

〈平成31年度　第2次実技試験　絵画〉

出題　世界に目を向ける（Looking at the world）
世界を見通す（Seeing through the world）
世界を映す（Reflecting the world）
枠内の言葉をテーマに描きなさい。

〈平成30年度　第1次実技試験　素描〉

出題　「空中」「地上」「水中」の三つの言葉から一つを選び、与えられた二つのモチーフ（石・ゴムシート）と組み合わせて描きなさい。

〈平成30年度　第2次実技試験　絵画〉

出題　「（台の上に置かれた）モチーフを描きなさい」

〈平成29年度　第1次実技試験　素描〉

出題　剥製・エアー緩衝材・紙箱の中から一つを選び、下記の言葉と組み合わせて描きなさい。

「変化」

〈平成29年度　第2次実技試験　素描〉

出題　室内の氷と光、絵画棟内の風景を組み合わせて自由に描きなさい。

実際に目を通していただいて、見事なまでの「傾向のなさ」に驚かれたのではないでしょうか？

また、過去の試験では、上野動物園や葛西臨海水族園にいる動物や生物を自由に選んで描くということもありました。

このように、予測不可能な問題が毎年出題されるのです。

「出題意図」を読んでみる

また、2019年度（平成31年度）からは、入試問題の出題意図も同じく東京藝大のウェブサイトで公表されていますので、少し長いですが引用します。

〈令和2年度　絵画科油画専攻学部入学試験　出題意図〉

本専攻の入学試験は思考力、観察力、表現力を重視し、面接試験を含めた総合的な評価により芸術家としての可能性を見出すものである。

・第1次実技試験

（出題文）「三つの手」

素描では、絵画の基本的な表現力を判断する。対象物をよく観察し、固有の形態や質感、色彩を的確に描写したか、出題をどのように理解し、表現したかを問うた。

・第2次実技試験

（出題文）「絵を描きなさい」

「絵を描きなさい」という出題、つまり何を描くか？は自由。おそらく沢山ある選択肢の中から自分で決めなければならない。それをどう描くか？どのように描くか？を問うものである。

林檎を描け！　と言ったって誰もが直ぐに林檎だと判る林檎を描く者などほとんど居ないではないか。それに誰もが判る「林檎の絵」とは何か？

「私は林檎を描いた」と言うのは個人の自由だ。林檎をどう描いたか？　もっと言えば「どう描こうとしているか？」を我々は見る。そこには君たちが世界をどう捉えているか？　どう捉えようとしているか？　どう考えているか？　どう模索しているか？　が現れるからだ。我々は未完成でも小さい発芽でも見落とさないようにしたいと思っている。君たちを試験する我々も試されているはずだ。絵を描くとは、絵を見るとは解釈する事だ。画家の解釈の仕方がさまざまな描き方を生みだしてきた。

今２０２０年「絵を描きなさい」という出題をどう考えどう解釈するか？　自分の頭で考える。追い詰められてしまった時こそ楽しく考えなければいけない。

「自分の頭で考え描きたい絵を描いて入学する」でなければこの時代に生き残れるはずがない。これが出題意図である。

・面接試験

1　第一次実技試験で描いた、あなたの作品について話して下さい。
2　美術の歴史の中であなたが一番興味を持っていることを教えて下さい。
3　「作品を鑑賞すること」について、どう考えますか？
以上の設問から自身の作品と制作をどのように考えるか、美術・絵画の歴史も含めた多様な表現について、どのように関わっていくか、あるいはその作品に含まれる意味をどのように感じ、どう解釈するかを問うた。

いかがでしょうか？　この入試課題の出題意図をまとめると、次のようになります。

①思考力・観察力・表現力を観る
②重要なのは「何を描くか？」ではなく「どう描くか？」
③物事に対する自分なりの価値観を持っているか？
④構想力と構成力を問う
⑤試験する側も試されている

抽象度の高さは、私たち大人でさえ容易に理解しがたいのではないでしょうか。特に令和2年度の2次試験「絵を描きなさい」の出題意図は、まるで禅問答のようです。

多浪生が多い理由と、入学年度によって異なる学生のキャラクター

これらのように、傾向がまったく見えない、変幻自在な問題が毎年出題されるからこそ、22・5%と非常に低い現役合格率も納得できるのではないでしょうか。

また、出題意図にも〝試験する側も試されている〟とスタンスが書かれているとおり、一定の評価基準に基づいて機械的に合否を判断するのではなく、その年ごとに流れる時代の空気を自分なりに捉え、それを絵画によって表現し、選考する側にも〝問いを立たせられる〟ような絵を描かなければ合格できないのだといえます。

これは、私が出会った多くの卒業生たちが口を揃えて、「(絵が)上手いだけでは合格しない」と話すことに通底している要素でもあります(この点に関しては、のちほどOB・OGへのインタビューで詳細を述べます)。

つまり、傾向なき問題に加えて、審査する側を唸《うな》らせないと――つまり、「ほかの絵も観たくなる」ように心を動かさないと、合格できないわけです。

「年を重ねると、人は思考力や観察力の深度が深まる」とは一概には言えませんが、特に浪人という「自分を見つめる期間」を経ることによって思考を深め、合格に至ったという人も少なからずいたことでしょう。

こちらも卒業生たちから聞いた話なのですが、入学年度によって各学年のキャラクターには大きな違いがあるとのこと。毎年変わる課題を読み解いて、ある年に出題側を納得させて合格した人たちゆえに、学年ごとの明確なカラーがあるそうです。

先ほど過去の入試問題を紹介しましたが、たとえば、平成29年度の第2次実技試験（素描）の、

- **室内の氷と光、絵画棟内の風景を組み合わせて自由に描きなさい。**

という課題に対する絵と、平成31年度の第2次実技試験（素描）の、

- **世界に目を向ける（Looking at the world.）**

・世界を見通す（Seeing through the world.）

・世界を映す（Reflecting the world.）

という課題に対する絵は、明らかに違うはずです。

つまり合格者たちには、その年ごとに、受験の王道がまったく通用しない、それぞれの思考に基づくそれぞれのストーリーがあるのです。

次の項からは、東京藝大卒業生たちの合格までの道のりを深掘りしたいと思います。多種多様な人々が集う学び舎だということを十分理解していただけると思います。

入試から読み解く東京藝大の視点①「考える」とは何か？

哲学者のとある言葉が合格のキーポイント……Kさん（男性）

・２０１６年美術学部絵画科油画専攻卒業、２０１８年大学院美術研究科絵画専攻油画研

究分野修了。早稲田大学第一文学部美術史学専修を卒業後に本格的にデッサンと油絵を始め、2年後に油画専攻に入学

文学部を卒業後に実践を学びたくなり受験を決意

私は美術館勤務の学芸員の方やギャラリーの経営者（通称ギャラリスト）・スタッフの方たちと会う機会が多くあります。そうした方の多くは、大学で美術史や美学を専攻してアカデミックにアートを学び、その後、学芸員資格を取得してアート業界に就職しています。

これらの方々はもともとアートへの興味・造詣が深く、中学・高校生時代に本格的に絵画を学んだ方々も少なくありません。中にはアーティストを目指したものの、美大入学レベルのスキル習得を諦めてアカデミックな道に進む方もいます。

しかしながら、美術史を学んだものの、アートを仕事にするのは就職先の間口が非常に狭いため、一般企業に勤務する人たちが大多数です。たとえば美術館や博物館に就職しようにも、募集枠そのものが少ないのと、いったんその職に就いた人々が定年までほとんど辞めないという現実もあるのです。

この点、Kさんのように、「アカデミックにアートを学んだあとに美大を目指す」というのはとても珍しいことです。

美術史や美学を専攻する多くの人たちと同様に、Kさんは子供の頃から美術鑑賞がとても好きだったそうですが、彼が藝大を受験してみようと思った理由はとてもユニークです。大学2、3年生くらいのときに、美術館で17世紀バロック期の超絶技巧の画家、ベラスケスの絵を見た際に、絵を描くプロセスのイメージが鮮明に頭に浮かび、ベラスケス自身のタッチが見えてきて「なるほど、こうやって描けばいいのか」とピンと来たとのこと。そして、周囲に飾られている同時代の画家たちの絵を見て、「これだったら自分にも描けるのでは？」と思ったそうです。さらに、文学部で学んでいるうちに「理論も重要だが、体を動かして絵を描いてみないと本質はわからない」とも考えました。

この2つが動機づけとなって、文学部を卒業後に藝大受験を目指したとのことです。

美大受験をする人の多くは、幼少の頃から三度の飯より絵を描くことが大好きで、チラシの裏に延々と絵を描き続け、何冊ものノートに漫画を描き続け、「好きこそものの上手なれ」と言わんばかりに児童絵画展で入選したりします。そして、高校で進路を決める際には

「私は美大進学しか考えられない、将来はアーティストかデザイナーになろう」と強く心に決め、美大受験予備校（美術予備校）に通ったり、美術科のある高校に入学するなどします。

読者の皆さんの中にも、かつて美大を目指していた方がいらっしゃるかもしれません。私が以前勤務していた会社の先輩にも、高校時代に美術部に所属して、高校2年生のときに美術予備校に通っていた人がいました（その先輩は結局は美大進学を諦めて、一般の大学に進学したそうです）。

また、私の高校時代の同級生に、現役で私立の美大に入学し、1年間の仮面浪人生活を経て藝大の彫刻科に入学した人もいました。彼の記憶によると、4歳から漫画の模写を本格的に始めたそうで、小学校2年生から親に頼んで絵画教室に通い始めたそうです。また高校2年生からは美大の受験予備校にも通い、17歳の時点ですでに13年間の絵画のキャリアがあったことになります。

私が知りうる限り、美大に進学した人々の多くは、絵を描くことに対する高いモチベーションを持って美大受験に臨みます。ただKさんは、早稲田大学時代に美術サークルに入っていたものの、聞いたところでは幽霊部員で、在籍中1枚も絵を描かなかったとのこと。

また、通っていた高校も早稲田大学の附属高校だったので、高校生の頃は美大を受けるとは微塵も考えていなかったようです。

こと美大受験という分野においては、受験勉強を始めるはるか昔の幼少期から絵を描いてきたような、絵画キャリアの長い人が多くいます。美大受験を志す若者たちの間では、10年以上のキャリアを持っていることは決して珍しくありません。

そうした中、美術館で絵を観て「自分でも描けそう」と思った「妄想力」を起点に、美大受験を思い立ってから2年間で藝大に合格してしまったKさんは驚嘆に値します。

世の中には「1万時間の法則」と呼ばれる考え方があります。イギリス生まれでカナダのジャーナリストとして活躍するマルコム・グラッドウェルは、『天才！成功する人々の法則』の中で、何事も習得するまでに1万時間はかかると述べています。私の知り合いで、1万時間をかけて趣味のテニスの腕を磨き、アマチュアの大会でベスト4に入賞するまで上達した人もいます。

この「1万時間」とは、いったい何日ぐらいかかるものなのでしょうか？

たとえば、毎日欠かさずに1日8時間を費やしたとすると、おおよそ3・42年となります（1万h／８h＝１２５０h、１２５０h／３６５≒3・42年）。１週間７日のうち平日の５日だけ費やす場合は約４・76年（3・42年÷５／７）となります。

絵を描く時間と同じぐらいの時間を読書に費やし合格

Kさんは、２年間、約７３００時間で藝大の油画専攻に合格しました。１万時間の法則から考えると27％も下回る学習時間で合格したのです。

彼に、２年間で合格をした秘訣と、その学習法のプロセスを聞いてみました。

そもそも高校までの美術の授業以外でほとんど絵を描いたことがなく、ましてや本格的なデッサンなどこれっぽちもしたことがなかったので、まずは美術予備校に通おうと思い、パンフレットを取り寄せました。それぞれの予備校のパンフレットには、美大合格者の作品がいくつか載っており、それらをひと目見て、またもや「このくらいなら自分でも描けそう」と思い、ますますモチベーションが上がってきたといいます。

その後、美術予備校に通い始めました。予備校講師の指導に基づいて基礎デッサン、そして油絵も始めました。予備校で基礎の基礎から指導を日々受け、教えられたとおりに描きつつも、ただ闇雲に描くことにも違和感を覚えて、自身でデッサン書などを購入し、創意工夫をしたとのこと。そこで技術以外の部分にも着目したのが彼の特徴でした。周囲の予備校生や講師を観察して、上達するプロセスやメカニズムを考えていったそうです。

そうしてある日、絵が上達する人には、「ものの見方のシフト」が起こっていることに気がついたのです。

このシフトとは、自分の主観や感情を一切排除して、カメラのレンズのように、目の前にある事実だけを切り取るようにして観ることができるようになることだそうです。一切ノイズのないインプットができるようになるとも話していました。

それに気がついた時、もちろん、彼自身そのシフトができるようになっていました。そしてこのインプットを、利き腕でどのように出力していけばよいのか、自身でいろいろなタッチを試して創意工夫をしていき、絵画表現を磨いていったそうなのです。彼曰く「自分の脳内にあるどの感覚を使っていけばいいのかがわかった」とのことでした。

絵筆を持って1年が過ぎ、藝大をはじめいくつかの美大を受験しましたが、残念ながらすべて不合格に終わってしまいました。

受験生としての2年目は、予備校に行くことをやめ、独学で絵を描くことにしました。絵を描く時間以上に読書に時間を費やし、文学や哲学書、思想書など、さまざまなジャンルの本を貪るように読破していったのです。

その中で、フランスの人類学者であるレヴィ＝ストロースの著作の中のとあるセンテンスと出合いました。

> 理解するということは、実在の一つの形を別の一つの形に還元することだ
>
> （レヴィ＝ストロース『悲しき熱帯Ⅰ』第二部　旅の断章より）

この言葉を、絵を描く上での姿勢として、彼なりに「翻訳」したといいます。

それは、仕上がりが同じ絵であっても、「紙の上に対象を写したのか、それとも紙の上に作っていったのか」によって大きな違いがある。つまり、絵を描く技術よりも、絵を描くときのアプローチ（考え方）のほうが重要だと感じたのです。結論として、「どのような考え方を持って描くか」が重要であることを軸に、読書の合間に絵を描くことにしました。

予備校通いをやめてはいたものの、籍は残したままだったので、たまに予備校に顔を出すこともあったそうです。その際に、予備校の講師に「絵を描くということは、対象を写すのか、それとも紙の上に作っていくのか、どちらでしょうか?」と質問をしたところ、講師は返事に困ってしまったそうです。


そして2度目の受験を迎えます。

見事に藝大の絵画科油画専攻に合格しました。

厳密にいえば、藝大しか合格しなかったのです。併願した私立の美大2校、武蔵野美術大学と多摩美術大学は不合格でした。


なぜ藝大しか合格しなかったのでしょうか?

Kさんが藝大に合格したのは、受験生活の2年目で出会ったフランスの人類学者、レヴィ=ストロースの言葉「理解するということは、実在の一つの形を別の一つの形に還元することだ」を基に自身が得た「絵を描くことの思想(フィロソフィー)や態度(アティテュード)」が藝大の先生たちを説得し得たからなのではないでしょうか?

つまり非言語のメッセージがもたらす絵の中での説得力が選考する側に刺さった結果であったのではないでしょうか。

藝大生と一般大学生との違いとは？

早稲田大学の文学部を卒業後に藝大に入学した彼に、一般の大学との違いを尋ねてみました。

「入学するまでは、東京藝大は奇人変人の巣窟のようなイメージがありましたが、実際に入ってみると、早稲田のほうがむしろ奇人変人が多かったような気がします。ただ、決定的な違いは『やり切る意志の強さ』の違いにあると思います。

たとえば、学園祭の準備を例にとると、早稲田の場合はある程度のところで妥協をするのですが、藝大の場合はとことんまで話し合って議論して、徹夜に徹夜を重ねて、それが学園祭の出店《でみせ》であろうと、徹底的にこだわり抜いて形にする。ここが大きな違いではないでしょうか」

とことん考え抜いて形にする。常に手を動かして思考を具現化し、「実行する力」を育む場であるのかもしれません。

入試から読み解く東京藝大の視点②　「自分の表現」とは？

幼少期からの英才教育で〝上手い絵〟を描けるようになりはしたが……Oさん（女性）

・2005年美術学部絵画科油画専攻卒業、2007年大学院美術研究科絵画専攻油画修了

お父様が美大出身ゆえに、幼少の頃から美術の英才教育を受けたOさんは、中学2年生の段階で自身の進路を決め、高校も美術科高校に進学。「純粋培養」なりの苦労を経験しつつ現役で合格したといいます。

2015年に鬼籍に入った私の父も洋画家でした。「はじめに」でも触れたように、私も典型的な美術家系の子供です。このような家庭に育つと、美大受験に関しては大きなアドバンテージがあることは否めません。常に身近にアートがあったため、ほかの一般家庭の子供に比べると、幼少の頃より多くのインプットがありました。毎週のように美術館に連れて行かれ、父のスケッチ旅行にもたびたび同行した記憶があります。

インプットが多かったせいか、図工・美術の成績だけは良かった記憶がありますし、小学生の頃に絵画コンクールに入選したことも数回あります。私は3人兄妹ですが、残念ながら誰も美術の道には進みませんでした。ほかの2人の兄妹に、なぜ美術の仕事に進まなかったのかについて尋ねたことはなく、理由はわかりません。

私の記憶を辿ると、小学生の頃は漫画家を志していました。当時人気のあった宇宙戦艦ヤマトの模写をしたり、自分で漫画も描いていたりしました。

その頃は、東村アキコ先生（美大卒のマンガ家。代表作は『東京タラレバ娘』『かくかくしかじか』など）のように、漫画家になるために美大進学をするという選択肢も、自分の中になんとなくはあったのですが、中学2年生の2学期に、美術の先生に私の描いた絵を破られたことも影響したかもしれません。なぜ絵を破られたのかというと、美術の授業中のちょっとしたやり取りがきっかけでした。

美術の時間に自由課題があり、私はまったく何も考えないでキュビズムのような抽象画を描いたのです。それを見た美術教師に「中学生のくせに、キュビズムなど気取っていて、生意気だ」と言われました。私はそれに関しては、実はなんの感情も湧きませんでした。

その後、美術教師自身が描いた自画像デッサンの感想を求められ、直観的に絵の構造がおかしいことに気づいてそれを指摘したところ、教師が激怒し、私の絵をビリビリと破いたのです。それまでは美術だけは成績が良かったものの、2学期以降、美術の成績も地に落ち、絵を描くモチベーションも同時に奈落の底へと下がっていきました。

あとから聞いたところ、その美術教師は、私の父が画家であることを知っていたようです。今にして思うと、そのことに対して何か複雑な感情があったのかもしれません。

中2の時点で藝大受験を決意

Oさんに話を戻しましょう。

彼女は幼少期より英才教育を受けて育ちました。私は彼女が小学生のときに描いた油絵を見せてもらったことがありますが、子供が描いたとは思えない技巧の凝らされた絵でした。小学生の頃からお父様に絵画指導を受けていたそうです。

15歳、中学2年の段階で藝大進学に強い意志を抱いていたOさんは、合格に向けてほかの選択肢を考えることなく、推薦で美術系の高校に入学しました。

美術系の高校は、多くの学校で午前中は通常の授業を行い、午後は毎日美術の時間が続きます。Oさんはいつも、出された課題に対して2つ以上の作品を提出していました。そんなことをする生徒は、彼女以外はほぼいなかったそうで、常に学年トップの成績であったそうです。

そして高校1年の2学期以降は、学校が終わってから美術予備校にも通いました。美術予備校では浪人生に混ざって淡々と受験絵画を描き続け、予備校内では16歳の天才少女、と呼ばれていたそうです。当時のOさんは16歳でレンブラントの技法を研究し、自分なりに演出をして描いていたそうですので早熟の極みといえます。

親の英才教育のせいもあったのでしょうが、「絶対に藝大」という信念は変わらず、ひたすら描き続けていたある日、予備校の先生が別の人に代わりました。その先生は東京藝大の卒業生であったのです。彼女にとっては願ったり叶ったりです。

目標に向かって、来る日も来る日も、学校でも、アフタースクールの予備校でも、黙々と絵を描き続けていました。

そんなある日、予備校の先生に「東京藝大に入って、藝大の中でのトップを目指す」と漏らしたところ、爆笑されたそうなのです、それは「美大に上も下もない、君は実際の学生の作品も見ていないのに、なんでそんなことをいえるの？」と言われたのです。彼女は美大生の作品を実際にこの目で確かめようと、高校2年生の秋に、藝大をはじめ、いくつかの美大の文化祭に行きました。

当時の彼女にとって実際の学生たちの絵を見た感想は、次のようなものでした。

- **東京藝大……どんよりと気分が落ち込むような暗い絵ばかり**
- **武蔵野美術大学（武蔵美）……私が感動する絵はここにはない**
- **多摩美術大学（多摩美）……どれも超絶技巧でとても上手く、素晴らしい**

ここで価値観がガラッと変わったのです。

「私が目指している絵を描けるところは、藝大ではなく多摩美なのだ」

予備校の先生にこの旨を伝えたところ、自身の目で確かめたことについて褒めてくれたそうです。

さっそく父親に、多摩美に行きたい旨を伝えると、親から猛反対されました。どうやら親御さんは、東京藝大に行ってほしくてたまらなかったそうなのです。

高校2年生の秋のことですし、受験までは1年以上もありますので、親に刃向かうこともせずに朝から晩まで淡々と絵を描き続ける日々を送り続けました。なお、高2の時点で予備校でもトップクラスの評価を得ていましたので、予備校の先生も彼女にはあまり教えずに世間話ばかりしていたとのこと。

そして、いよいよ受験本番

高校3年生の秋口になり、進路を決める時期がやってきました。

彼女が通っていた高校は美大の付属校であり、多くの生徒は大学へとエスカレーターで内部進学します。すでにお話ししたように、彼女は高校入学当時から内部進学せずに受験することを決めていました。

彼女は外部受験することを一切、先生には伝えていませんでした。なぜなら、親しかった国語の先生から「外部受験をすることは、進路相談が始まる高3の2学期までしないように」とこっそりとアドバイスをされていたからです。なぜなら、外部受験をすることが知れると、先生たちの視線が冷たくなり、成績が落ちてしまう人たちを多く見てきたからだそうです。

そして、進路面談で外部受験する旨を担任の先生に伝えました。結果、高校2年生の2学期以降、それまで保っていた学年トップの座を明け渡すことになったのです。

「ムカつく、絶対に受かってやる」と心の中で呟きながら受験まで半年を切りました。


ここから波乱万丈が続きます。

学校の進路面談が終了し、高2の秋以来ですが「多摩美」に行きたい旨を父親に話しました。話をするや否や「藝大合格以外は意味がない」と一喝されました。

このことを美術予備校の先生に話したところ、三者面談を予備校で開催することになったのです。彼女の父親、そして予備校の先生も美大出身者なので、彼女を挟んで侃侃諤諤《かんかんがくがく》、激しい言い合いの結果、「両校とも受験して、合格した時点で考える」ということに着地したのです。


先ほどKさんの合格までの話で述べたとおり、私立大学には毎年の傾向があり、その大学に合格するための描き方がありますが、東京藝大の場合は傾向そのものがなく、毎年毎年課題が変わり、受験生の「思考」や「作家性」に主眼が置かれます。

Oさんはあくまで私立の多摩美が第1志望ですので、多摩美対策の絵を描き続けました。一般の大学受験のスケジュールと同じように、私立大学の受験・合格発表が終わったのちに国立大学である東京藝大の受験がありますので、内心、「多摩美に合格したのちに軽い気持ちで藝大を受験しよう」と思っていました。

高校においても、学年トップの地位は譲ったものの、予備校の講師陣からはトップクラスのお墨つきを常にもらっていましたので、本人も淡々と受験絵画を描き続けたのです。

一般の大学に比べ、美大は浪人生の比率が高いのですが、彼女の場合は、美術科高校において日中も絵を描き、高校1年生より美術予備校に通い続けて浪人生たちと切磋琢磨をしていたので、現役生とはいうものの、実力はそれ以上ということを自他ともに認めていました。

ですので、予備校の先生も、絵画指導よりも雑談をすることのほうが多かったのです。

そうして心身ともに余裕を持って、第1志望校である「多摩美」の試験日がきます。

学科試験の手応えがあまりよくなかったものの、「実技で取り返せば良いから」と実技試験に臨みます。試験日の前日まで、「予備校でも、何年も浪人を続けている人と同じかそれ以上の実力があるのだから、まぁ大丈夫だろう」と余裕綽々《しゃくしゃく》で当日を迎えました。

しかし、実技試験が始まると、なぜかいつもの調子が出ない自分に気づきました。そして、あれよあれよという間に６時間が経過し、入学試験は終了します。終了後、いつもの調子が出せなかった自分に戸惑いつつも、「落ちることはないだろう」と楽観的に考えていました。東京藝大に行く気はなかったので、高校１年以来、毎日握っていた筆を合格発表まで置いたのです。

結果は、大方の予想に反して〝不合格〟でした。

そしてこの時点で、気軽な気持ちで受験しようと思った東京藝大が、図らずも本命となってしまったのです。彼女には「浪人」という選択肢はありませんでした。

彼女の心の中では、２つの心の声が大きく響きわたっていたのです。

- **美大付属の道を蹴って浪人など、恥ずかしくて同級生に顔を合わせられない**
- **自他ともに認める天才少女が浪人などできない**

もし、残された東京藝大に不合格になったら、看護師になろうと思ったといいます。なぜならお母様が看護師であったからです。

落ちたら死ぬ――必死のリベンジへ

しかし、時間は待ってくれません。藝大の入試までの時間はわずかに1週間。この1週間で藝大対策をせねばならないのです。

普段は雑談ばかりしていた先生が、突然、厳しくなりました。先生から言われたアドバイスは2点。「空気を描け！」「テクニックを超越したピカソを超えるような絵を描け！」でした。

残された時間はあまりにもわずかです。まずはインスピレーションを得るために、高校の図書館で資料を漁りました。そこで「アサドゥール」という画家の画集と出合います。この画家からインスピレーションを得て1週間、「落ちたら死ぬ」と毎日唱え続けて死に物狂いで絵を描き続けました。

そして、受験当日を迎えます。

1次試験は無事、通過しました。1次試験で受験性は300人まで絞られます。毎年、志願者は1000人強ですので、ここで約3分の1に絞られることになります。そして続く2次試験で6分の1の50人が合格となります。

2次試験は2日間にわたって実施され、油絵で作品を作り上げます。

1日目――落ちたら死ぬ、と思いながらも冷静に絵と向き合いました。具体的な作品に取りかからずに、自分が「感じる」ことに徹します。キャンバスをとおして絵の下地作りをしました（絵の下地というのは大まかなラフ作りを表します）。

2日目――「上手くまとめる絵を描くのだけはやめよう」と心に決めました。なぜなら、周りの受験生たちがまとまった絵を描いていたからです。「まとまった絵」というのは、少し説明が必要な表現かもしれませんが、「見やすくわかりやすい絵」を指します。彼女が第1志望だった多摩美で見た絵は、まとまった絵ではなかったのかもしれません。

そのような決心のもと、自分の直観に基づいて良い絵を描くことのみに集中しました。審査をする先生たちは作家なので、彼らに響く良い絵――つまり、今まで高校や予備校で学んできたテクニックを超越した絵を描こうと黙々と描き続けました。

そして開始から6時間が過ぎ、試験が終了しました。心は清々しい「やり切った感」で満たされました。家に帰るやいなや、涙が止まりませんでした。

5日後に合格発表がありました。

上野校舎の屋外の掲示板を見上げると、自身の受験番号である１００８番が目に飛び込んできました。

合格した途端に気が動転し、どうしたらいいのかがわからなくなり、しばらくその場でぼーっとしてしまったとのこと。

われに返り、家に電話をしました、すると母親が「あなた、一生の運を使い果たしたわね」と、ポツリと受話器の向こうから呟くのが聞こえたのです。

翌日に高校に登校し、校内で展示されている自身が描いた絵の前で、しばらく正座をしていたといいます。

家路に向かう道すがらに、予備校から電話がありました。予備校に報告するのをすっかり忘れており、その足で新宿にある予備校に顔を出しました。予備校の友人たちは皆、不合格だったことを知らされました。母親の「運を使い果たしたわね」という言葉が頭をよぎりました。

合格後の自己分析

合格からしばらくたって「なぜ合格できたのか」の自己分析をしたそうです。

彼女が考える「合格できた要因」は3つ。


1つ目は、自分の表現に辿り着けたから。

2つ目は、良い行いをしたから。

これは、2次試験の会場に向かう途中に、ある受験生が落とした受験票を拾ってあげたことです。落とした受験票を見逃せば、その人はパニック状態に陥り、心が乱れてライバルが1人減り、自分にとって優位に働く——と一瞬「悪魔のささやき」があったそうなのですが、落とした受験票を拾って、渡してあげたとのこと。渡した相手も見事に合格をされたそうで、入学後にお礼の言葉をかけられたそうです。ちなみにその方は、12浪を経て見事合格を果たしました。12浪、30歳の新入生であり、小学校入学から高校を卒業するまでの期間（6年＋3年＋3年）を浪人生活に費やしたことになります。これは驚嘆に値します。現役合格率が低い東京藝大ならではのエピソードといえるでしょう。

話が少しそれてしまいましたが、合格の要因の３つ目は、受験番号の１００８が〝いいわ〟だったことだとOさんは述懐しています。

２つ目は、ある意味で心あたたまるエピソードではありますが、なんといっても１つ目の〝自分の表現に辿り着けたから〟が大きな要因なのではないでしょうか。

Oさんは学部を卒業後に大学院へと進学。卒業後しばらくしてから3年間、助手を務め、入試業務にも関わることになりました（Oさんが助手のときは定員が55名に若干増えました）。２次試験の選考現場にも、助手として教授陣と同席します。つまり３００作品の絵の中から50作品あまりを選定する現場に3年間居合わせたのです。

おおよそ最初の30作品は、すべての関係者――つまりすべての教授・准教授・講師・助手の意見が割れることはないそうです。次の20作品については、意見がやや割れるものの、教授同士の合議制でほぼ落ち着くとのこと。そして最後の5作品は、個々の教授の独断で決まるそうです。

美術学部油画専攻の定員は55名ですが、年度によって定員に対する合格者に微妙な数の推移が見られます。

合格者数が定員に満たない年もあれば（平成31、30、29、25年）、定員を7％も上回る年もあります（平成26、27年）。

ほかの国立大学であれば、定員に対する合格者が少ない年や多い年は、あまり見受けられません。この事実は、高度な審美眼を持ったアーティストでもある教授の心に響く作品が少ない年もあれば、多い年もあるということにほかなりません。Oさんのいうところの、〝自分の表現に辿り着けたかどうか〟が判断の基準となる紛れもない事実といえます。

彼女は一時期、作家（アーティスト）活動の傍ら受験生の指導を行っていました。そのときを振り返って、次のように話します。

「ほかの美大は傾向と対策が明確にあるのですが、藝大だけは自分の表現を持っていないと合格しないんですよ。言葉では上手く表現できないんですが、見た瞬間に絵の中から訴えかけてくる説得力というか、何かがないと受からないんです」

この「何か」というのは〝意味を創り出す力〟のことなのかもしれません。ビジネスの分野でも近年、従来の「与えられた問題を解く力」以上に「問題を自ら提起し、創造的に課題を解決する能力」が求められています。そのためには自ら〝意味を創り出す力〟が求められるのです。

一般的な大学の入試は、与えられた問題に対して解答を導き出す「問題を解く力」が問われます。大学受験において、高校3年生もしくは高校卒の若者たちに問題提起と創造的な課題解決を課すのは、やや無謀ともいえます。

しかしながら、この先どうなるかもわからないこの時代。私たち大人でさえ欠けている、「自らに問いかけ、その問いを形にする力」を要求する場を若者に与えることは、とても重要なことなのではないでしょうか。

Oさんの話を聞いて、リクルートの旧社訓「自ら機会を創り出し、機会によって自らを変えよ」を思い出しました。

入試から読み解く東京藝大の視点③
「感じとる身体性」とは何か？

勉強は不得意で武術の達人だった、絵を描くのが大好きな少年……小左《おさ》誠一郎さん

・２００９年美術学部絵画科油画専攻卒業、２０１１年大学院美術研究科絵画専攻油画修了

勉強嫌いの少年はなぜ、藝大を目指したのか？

小左さんは、私の周りにいる芸術家で、最も古い付き合いの人物のひとりです。

現在は六本木にあるとあるギャラリーの所属作家として、生まれ故郷である静岡県の清水市（現・静岡市清水区）にアトリエを構えて日々、作品制作を続けています。

運動神経も抜群で、高校生のときには空手の団体戦でインターハイに出場。現在はアーティストとして作品を制作する傍らで俳句を詠み、句集も刊行しています。

皆さんのアーティストに対するイメージはどのようなものでしょうか？ スポーツとは

一切縁なく、日々アトリエに籠《こも》って淡々と作品を作り続けているといった姿を思い描く方が多いのではないでしょうか？　そんな一般的なアーティストのイメージを覆す彼は、武闘家のように身体性を十二分に発揮して作品制作をしています。

「やんちゃ」な中学生に先生がすすめてくれた進路

皆さん、ご自身の幼少の頃を思い出してください。そこまで記憶が定かではない……という方でも、お子さんがいらっしゃれば、お子さんの幼少期でも構いません。

幼少期から小学校の低学年までは、「お絵描き」はとても楽しかったのではないでしょうか？

ご多分に漏れず、小左さんもお絵描きが大好きだったようで、しかも多作であったとのこと。幼稚園児だった頃の落書きノートが3年間で40冊にも達したそうです。ちなみに同じ環境で育った彼の弟さんの落書きノートの数は、3年で数冊だったと彼は話します。

小学生になってからはマンガのキャラクターを描くようになり、その頃には同級生にライバルも出現。お互いに切磋琢磨したそうです。

しかしながら、中学生になると熱が冷めて、部活の柔道に熱中するようになり、美術の時間以外はほとんど絵を描かなくなってしまったそうです。

私が今まで会った藝大生の多くは、だいたい中学生くらいから美術の道に目覚めていくので、彼のように「中学生になって興味がなくなってしまった」というパターンはとても珍しい部類です。

中学校に入って、絵に関しての興味がなくなってしまったのにもかかわらず、彼は美術科のある高校に進学します。

実は当時の彼は、成績がお世辞にも良いとは言えず、いわゆる「やんちゃ」な中学生だったそうで、地元の水産高校か工業高校に行く以外に、選択肢はほぼなかったそうです。しかしながら、当時の担任の先生が、美術科のある高校をすすめてくれたとのこと。

地元の仲が良かった友達の多くは水産高校か工業高校に進学を決めています。またその美術科の高校は家からも遠く、友達と離れるのは嫌だったそうですが、担任の先生に加えて親戚の叔母さんの説得もあって、小左さんはそこに進学することに決めました。

美術科高校というカオスで、文武両道ならぬ美武両道を追求

いざ入学したものの、彼の入学したその美術科高校は「混沌の極み」だったそうです。

彼は入学当時をこう振り返ります。

「まずは女子が多くて男子がほとんどいない、1学年2クラスで60人なんですが、男子は12人しかいない。今まで男友達と毎日つるんでいたので、これはヤバいと。次に、勉強ができない落ちこぼれが多い。これは自分と同じ理由ですね（笑）

休み時間になると屋上でタバコを吸っている女子がいたり、ここは更生施設かよ、と。一方で、純粋に絵を描くのが大好きなくそ真面目な人や、アニメオタクや、それまで見たことのなかったような奇人変人もいる、これはすごいところに来てしまったぞと……」

しかしながら、慣れてくると、今まで会ったことのない多種多様な人々がいるので、高校は面白い〝場〟へと次第に変わっていったそうです。

また、武道好きな彼は空手部に入部しました。その理由は「毎日、絵は描ける環境にあるので、身体を動かしたくなった」とのこと。なお、美術科の生徒で運動部に入る生徒は珍しかったようです。

この高校は、美術科を擁する一方で普通科もあり、運動部が強い学校でした。野球部は甲子園の常連校でもあり、空手部も全国大会出場の常連校だったそうです。

高校3年生の頃は、部員の中で3番目くらいに強かったのですが、試合直前にケガをしてメンバーを外されてしまい、部はインターハイで1回戦負け。そのときには、彼は応援席で本気で泣いたそうです。

このように「文武両道」ならぬ「美武両道」な高校時代。武道の持つ身体性とアートは切っても切れない、とても密接な関係であることに、彼自身もあとになって気づきます。

当初は地元・静岡の美術大学に進学しようと思っていた小左さんですが、卒業生の話を聞いているうちに、東京の美大を目指すようになったといいます。

実技の腕試しに、高校3年生の夏に東京の美術予備校の夏季講習に行ったときは、「東京で絵を描いている人間に舐められるわけにはいかない」と思い、丸坊主で眉毛を剃り、サングラスをかけて行ったとのこと。ここは生来のやんちゃ気質が表れているようです。

その際に予備校で開催されたコンクールで見事、2位になったのですが、そこから本人曰く「気が緩んでしまった」そうで、受験したすべての美大に不合格となってしまい、東京の立川で浪人生活を送ることとなりました。

さて、読者の皆さんの中でも、浪人生活を経験したことがある方も多数いらっしゃるかと思いますが、「楽しい浪人生活」を送った方はなかなかいないのではないでしょうか？

彼は浪人生活がとても楽しかったとのこと。その理由としてこう語っています。

「美大を目指す人、目標に向かう人しかいない場なので、楽しくてしょうがなかったですよ。それぞれが問題意識を持っていたので、毎日とことんまで話し合って切磋琢磨していましたね」

つまり、合格した先の先までを自身で描きうる強いビジョンが、10代の当時でさえあったのです。

ともすると、多くの人々は（私自身の自戒の念も込めて）与えられた課題に対して、与えられた報酬のためだけに行動しがちです。

それに比べ、自身のビジョンを描き、ビジョンに基づいて行動する——これはアーティストに共通する行動基準です。

この意味において、彼は予備校生時代からすでにアーティストであったといえます。

デッサンをする意味とは？

しかしながら、このビジョナリーな思考が、受験時には足かせとなることもありました。

たとえばそれは、１次試験に必ず出されるデッサンの試験対策において現れます。

皆さんも「デッサン」という言葉は聞いたことがあると思います。デッサンとは、決められた対象（モチーフ）を、あるがままに写実的に描いていく技術です。

彼は、（ビジョナリーゆえかもしれませんが）自由に描くことについては、とても楽しかったそうなのですが〝決められたモノを描く〟課題に対してはモチベーションが上がらなかったそうなのです。

しかし、（当たり前のことですが）１次試験をクリアしなければ、２次試験に進むことはできません。そこで、彼なりに効率的にデッサンを描く術を開発しました。

本書は絵を上手く描けるようになるための指導書ではないため、彼が開発したデッサンの描き方については割愛しますが、小左さんの考え方・捉え方は大いに参考になります。

好きなことをやるためには、不得手なこと、嫌いなものをやらなければならない場面が少なからずあります。それを我慢してやるのではなく、いかに必要最小限の力で最大限の効果を出せるか。ある意味でゲームのように楽しみながらデッサンに取り組めたのも、彼に「先の先」までのビジョンがあったからではないでしょうか。

話は多少それてしまいますが、デッサンをすることの意味について、少しお話をさせていただきたいと思います。

西洋絵画においてデッサンは「絵を描くことにおける最も基本なスキル」といわれています。デッサンで重要なのは、ずばり、上手く描くための「技術の習得」よりも、「観察力を高めること」なのです。

私が思うに、必ず美大において1次試験にデッサンが課されるのは、まずは「現状の世界を観察できているかどうか」を問うためです。

自身の表現をするためには、まず現状の世界がどうなっているのかを正確に把握できなければなりません。つまり、正しく正確なインプットがなければ、正確なアウトプットもないわけです。

実際にデッサンを上手く描けるようになるコツは、現に描いている用紙を見る時間よりも、モチーフ（描く対象のモノ）を観る時間を多くとることにあります（デッサンについてさらに詳しくお知りになりたい方は、拙著『ビジネスの限界はアートで超えろ！』をお読みください）。

「上手い絵」ではなく「目立つ絵」を描く

1年間にわたる予備校生活を経て、小左さんはいよいよ受験を迎えます。

彼が受験した年（2006年）の東京藝大の油画専攻の出願者数は約2000人でした。合格者は55人ですので、競争率は36・5倍です。

藝大は国立大学ですので、センター試験を受けたのちに、実技試験が2回あります。彼が受験した年は、1次試験は1日にわたりデッサンを描き、2次試験は3日間にわたって水彩画と油絵を描く課題が出されました。

1次試験のデッサンでは500人に絞られました。一般の国公立大学の場合、センター試験で足切りがありますが、藝大の足切りにあたるものが、1次のデッサンによる実技試験です。毎年、2000枚のデッサンを見て、その後に500枚ずつの水彩画・油絵を見て合否の判断をする大学側の労力も相当なものでしょう。

ちなみに、２０２０年にリニューアルオープンしたアーティゾン美術館（旧ブリヂストン美術館）の総展示数は２００点ほどです。たとえるなら、１次試験でアーティゾン美術館の展示点数の10倍、そして２次試験で５倍の絵を１週間弱の短期間で審査せねばなりません。大学側の労力も大変なことでしょう。

競争率36・5倍の狭き門を突破するための小左さんの作品テーマは〝上手い絵よりも目立つ絵を描く〟でした。確かにこれだけ高い競争率を勝ち抜くためには、いかに大学側に強い印象を与えられる絵が描けるか、という作戦は、とても理にかなっています。

このテーマで１次試験をクリアし、２次試験に臨みました。

ちなみに、１次試験の会場は両国国技館。土俵上に大きな銅鑼《どら》のような鐘が備え付けられていて、鐘の音とともに試験が始まったことが印象深かったそうです。

〝目立つ絵を描く〟をテーマに２次試験用に用意していた作戦は、「絵の上に絵具《えのぐ》を固めて作ったフィギュアを載せる」というものでした。

この作戦であれば、どんなテーマの課題が出されたとしても実践可能です。

かつてない屋外での2次試験、しかも会場は……

そして2次試験を迎えました。

2次試験の集合場所は、東京藝大の正門前でした。通常は受験票ごとに教室が割り振られ、出された課題を3日間にわたって描きます。

教室に案内されると思いきや、拡声器を持った試験官が正門前に現れます。

「これから皆さんは上野動物園に移動してもらいます、これからベストを配りますので着てください」とのアナウンスとともに、胸に〝東京藝術大学〟と書かれた、サッカーの練習で使うようなビブスが手渡されました。

1次試験を通過し、画材を携えた500人が、試験官の先導とともに上野動物園に移動します。

2次試験の課題は〝上野公園にいる動物を1匹以上描け〟でした。

ここに東京藝大史上でも初の「動物園での入試」が始まります。

動物園内では地面にテープが貼ってあり、テープの枠内で描くようにと指示されました。

なお、両国国技館で開催された1次試験は貸し切りでしたが、この2次試験は貸し切りではありません。一般の入場者がいる中での前代未聞の入試です。

なお、試験官からは「来園者と話すと失格になる」という注意もありました。なぜなら一般の入場者を装った美術予備校の先生が混じっている可能性があると大学側が判断したからです。

しかし、物珍しさに、一般の入場者は受験生たちに声をかけてきます。その中でも最も多かったのが「テレビチャンピオンですか？」でした（１９９２年4月から２００６年9月まで、テレビ東京系列で毎週木曜の夜に放送されていた競技型バラエティ番組）。

想像してみてください。上野動物園でビブスをつけた若者たち５００人が絵を描いていたら、声もかけたくなるものです。

小左さんは、試験１日目の半日ほどは、絵を描かずに久々に訪れた動物園をまずは楽しむことにし、１日目の後半からモチーフを決め、描き始めました。

この年の入試には残念ながら合格できず、翌年に見事に合格した藝大卒業生から聞いた話によると、デートで来たカップルが、絵を描いている後ろから「この人よりも、さっき見た人の絵のほうが断然上手いよね」とささやいていたのを耳にし、落ち込んで筆が止まってしまったそうです。ただ、大学側もここまで受験生のメンタルを試そうとは思っていなかったでしょう。

ともあれ、3日間にわたる入試の2日目までは、何事もなく過ぎていきました。

過酷な試験最終日

ところが、3日目は朝から雨でした。大学側からビニール傘とビニールシートが支給されます。多くの受験生は、当然のことながら自身の身体ではなく、絵を雨から守るため、ビニールシートも傘もキャンバスを覆うために使いました。

ご存じの方もおられるかもしれませんが、油絵具は水に濡れると分離してしまうため、細心の注意が必要です。

午後になると、雨に加えて暴風が吹き荒れて嵐となり、多くの受験生の絵がイーゼル（絵を描くときにカンバスを載せる台。画架）ごとバタバタと地面に倒れてしまうような過酷な状況となりました。

運動部で体を鍛えていた彼は、嵐の中、絵を抱えて一目散に屋根のある場所に避難したので難を免れました。

ちなみに彼はカバを描きました。その理由は「カバは動くことがあまりないのでじっくりと観察できるから」とのこと。また、当初計画していた作戦どおりに、カバの上に絵具で固めた亀のフィギュアをつくって絵を完成させ、見事に合格を果たしました。

なお、合格した人の中には、ベンチに寝そべっていたヒトを描いた受験生もいたそうです。〝上野公園にいる動物を1匹以上描け〟がお題でしたが、当然ながらヒトも動物の一種に過ぎません。

答えが用意されているものに興味が湧かない

当初立てた「絵具でオブジェを作る作戦」をシナリオどおりに実行し、見事に合格した小左さんは、前述のように、私にとってもとても身近な存在です。

彼とは、私の主宰する講座、アート・アンド・ロジックの立ち上げから、現在も作家活動の傍らで講座の美術講師を務めてもらっています。知り合ってから、ほぼ途切れることなくやり取りが続いており、気づいたらすでに8年の月日が経ちました。

彼と接していて常に思うのですが、「野生の勘が鋭い」といいますか、とっさの判断力や機転の利いた行動には目を見張るものがあります。

彼は、中学校では世にいう落ちこぼれの部類でした。なぜ勉強が嫌いになったかというと、彼曰く「答えが用意されているものに関してはまったく興味が湧かなかった」とのこと。また、「なぜ数学にはＸとＹが出てくるのか、その必然性が理解できなかったし、誰も説明してくれなかった」とも述べています。

加えて、答えが用意されているものを解くのは、自分がやるべきことではないと感じたそうなのです。

その点、絵には回答が用意されていませんし、またマンガを模写するにしても、自分自身で課題を設定できるので、彼の性分として、アートにのめり込んでいくのはごく自然なことだったのでしょう。

電車の中や街中で、親が子供に「とにかく言われたとおりにやりなさい」「〇〇ちゃんはできるのに、なぜあなたはできないの？」と叱りつける場面をよく目《ま》のあたりにします。意味を説明しない強制や他人との比較は、大人でもあまりいい気がしないのではないでしょうか。

高校までの彼は、周りの大人に恵まれていたように思えます。できないことを強制的にやらされるよりも（もしかすると多少はあったかもしれませんが）、彼の良いところや得意なところを見つけて、それを伸ばす機会を常に与えてくれる環境の中にいたのです。

その一方で彼は受験生のとき、自身の興味が湧かなかった課題（たとえば石膏像の人物デッサン）に対しては、必要最低限な労力で効率的に描き上げるしたたかな工夫もしていました。

考えるよりも感じろ

小左さんは中学では柔道部に所属し、前述のように高校から始めた空手では、一時は学校の代表となって数々の大会にも出場しました。私の目には、そうした経験も絵に活かしているように映ります。

柔道の稽古に「乱取り」というものがあります。これは、3分間ずつ相手を代えて自由に技を掛け合う、いわばミニ試合のようなものです。

3分間という限られた時間の中では、いちいち考えている暇などありません。しかしながら乱取り中は、相手の一挙手一投足を見逃さないように集中する必要があります。

彼が絵を描いているところを何度も間近で見ていますが、アトリエの壁に何枚もの絵を横に並べて、一気に描いていきます。まさに、キャンバスを相手に乱取りをしているように見えます。

曰く、「絵筆を置いた瞬間瞬間が勝負」なのだそうです。

彼の絵はとてもシンプルなのですが、1本1本の線に強い意志を感じます。

与えられた課題に対して、指示されたとおりに確実に実行することも、もちろん大事なことかもしれませんが、予測不可能なことが突発的にいつ起きてもおかしくない、まさに私たちが生きている現代において、感じた瞬間に即、行動に移せる瞬発力と起動力は、私たちに今、足りないものなのではないでしょうか？

最近、小左さんとあらためてじっくり話してみて私が感じたこと、それは「考える前に感じろ」です。

先にも記したように、藝大は超進学校から一般にいわれるところの学力がそれほど高くはない学校まで、さまざまな高校から学生が集まってくる唯一の大学です。

インタビュー中に彼は、「頭のいい（勉強ができたであろう）同級生たちは、わからないことがあるとすぐグーグルで検索する。でも、わからないことは、わからないことをそのままにしているほうが自分には良い」と話していました。その理由を聞くと、あえて頭の中に知識を詰め込まずに、真っさらな余白を残しておきたいそうなのです。

余白がとても多いのが彼の絵の特徴です。彼の絵を見る度にいつも感じるのは「余白の美学」です。情報過多の今だからこそ、余計なノイズを一切遮断する彼のスタンスが、俳句を詠み、小説を執筆するといった、さまざまな創作活動につながっているのかもしれません。

小左さんの作品『untitled』©Seiichiro Osa 2016

第2章

何を教わり、何を学ぶのか——ひたすら考え、カタチにしていく4年間

「自己の表現」をひたすら追求していく絵画科油画専攻

第1章では、何人かの東京藝大卒業生の「合格までのストーリー」を紹介しました。では、実際に合格してからは、どのような学生生活を送るのでしょうか?

東京藝大の美術学部を目指す受験生は、絵画科日本画専攻、絵画科油画専攻、彫刻科、工芸科、デザイン科、建築科、先端芸術表現科、芸術学科の8つの学科・専攻から1つを選択して受験します。各学科の詳細なディプロマポリシーやカリキュラムポリシーは、大学のウェブサイトに詳細な解説が載っていますので、ご興味がある方はそちらをご覧いただければと思います。

この章では、主に美術学部の中でも、絵画科油画専攻と絵画科日本画専攻の2つの学科について、取材に基づいた声を中心にお届けしたいと思います。

東京藝大の美術学部と聞いて、皆さんがすぐ頭に思い浮かべるのは、油画専攻ではないでしょうか？

工芸科や彫刻科などは、入学してから技術や技法を学んでいきます。たとえば工芸科であれば、彫金・鍛金・鋳金・漆芸・陶芸・染織など工芸のさまざまなジャンルをひととおり学んだのちに、自身の興味や意思に基づいて、専攻を先生方との面談も含めて決めていきます。また、彫刻科も然りで、塑造・石彫・木彫・金属など彫刻のさまざまなジャンルをひととおり学んで専攻を決めていきます。

しかしながら油画専攻は、学生たちが入学をした時点で、油絵を描く技術や技法をひととおり身につけています。そのため、やや大げさな表現かもしれませんが、「自己表現の探求」をひたすらしていくのです。

入学後の課題は、半年をかけての「毒抜き」と上手い絵からの脱却

10年ほど前に藝大を卒業され、現在アーティストとして活躍している（助手経験のある）卒業生の方から聞いたのですが、入学後の最初の実技課題は「半年間をかけて自分の絵画表現をしなさい」だったそうです。

この方は、課題の意図を振り返って「半年かけて毒抜きをすることにあったのでは？」とおっしゃっていました。受験のために身につけた、いわゆる「上手な絵」を描くことから脱却しなさいという強いメッセージが込められていたのでしょう。半年間にわたる課題は、一部の関係者の間では、別名〝放牧〟とも呼ばれていたそうです。

お茶や武道などの世界で言われる「守破離」という言葉があります。この「自分の絵画表現をしなさい」という課題を聞いて、私はこの「破」を連想しました。

この守破離、ご存じの方も多いかもしれませんが、まずは師匠から教わった型を「守り」、型の完成後に、それまで守ってきた型を「破る」ことで自身のオリジナリティを発見し、さらに鍛錬に鍛錬を重ねて探求することで、最終的には師匠の型、そして自分自身が作り出した型からも「離れ」て自己の表現を完成でき、自在の境地に達するということを表した言葉です。

受験勉強で身につけたのは「守」であるので、これからは「破」に向かうことを促す。つまり「君たちは基礎を十分に学んでいるのだから、これからは自分たちの表現を追求しなさい」という大学側からのメッセージと考えられるでしょう。

また、「合格した人たちは皆、絵を描かせたら上手いので、いかに『上手く描けてしまうこと』から脱却するかが重要だ」と、複数人の卒業生から聞いたことがあります。

これは、「自身で身につけた知識や技術を手放さなければ、次なる次元に進めない」と言い換えられるかもしれません。


私たちは幼少期から常に「知識の蓄積」を要求され、成長という言葉の下に、どんどんと頭の中のハードディスクにデータを増やすように期待されます。

ハードディスクのデータを増やすことも、もちろん大切です。しかし、「半年間をかけて自分の絵画表現をしなさい」とは、ハードディスクに溜まった今までの知識や経験を、あえてリセットをすること。そうすることで、新しい考えを吸収できるのです。

この考え方は、今こそ私たちにとって重要なことではないでしょうか？

ダイバーシティ&インクルージョンな〝場〟

序章にて、東京藝大は従来の偏差値教育を「越境」した大学だと述べました。

ここで、第1章で取材させていただいた小左さんに、東京藝大はどんな場所だったのか、入学当時の印象を振り返ってもらいましょう。

彼の第一印象は、「疲れきった暗い人が多い」というものだったそうです。

もともと絵を描きたい人たちは、「自分が描きたい絵」を描くことに楽しみを見出すのは本望であるはずなのに、受験勉強で課題を与えられ、それをこなすことを強いられていたので、このように陰鬱な印象があったのかもしれません。

しかし、数カ月を経ると同級生たちの印象も徐々に変化してきたそうです。

世間でいわれているところの進学校から入学してきた、理論的で頭でっかちの人や、暗いと思っていた人たちも、じっくりと話をしてみるとユニークで面白かったりと、月日を経ると個々の個性が発揮されてきて楽しい場となっていったそうです。

これは、一般の大学ではあまり見受けられない傾向なのではないでしょうか。

なぜなら、入試をパスした同じような学力の人々が集う場では、良くも悪くも同じような価値観の人々が集まります。

その点、「一般的な勉強ができる・できない」だけの価値基準では入学ができないこちらの学び舎は、遥か昔から、究極のダイバーシティ（多様性）の場であり、お互いを認め合い、さまざまな価値観を受け入れるインクルージョンの場でもあります。

とある教授の毒のある入学スピーチ「卒業してから地獄が待っている」

小学校から中学・高校・大学に至るまで、ステージは違えど、入学すると必ず、偉い先生、校長先生、学長、学部長などのスピーチを聞く機会があります。その多くは、入学生を歓迎・叱咤激励し、晴れやかな未来を語るものでしょう。

しかしながら、ある年に、これとはまったく逆の、極めて「ネガティブ」な入学式のスピーチが油画専攻の新入生に向けてありました。

教授陣がひと言ずつスピーチをしたあと、その中の某大御所の画家がこう述べました。

「入学おめでとう、卒業してから地獄が待っているので、この4年間は大いに自由に、好きなことをやりなさい。ここにいる先生たちも、偉そうにしているかもしれないが、今でも地獄でもがいているかもしれないのだからね」

この毒のある歓迎スピーチ、実は現役のアーティストから、アーティストの世界に足を踏み入れた雛鳥たちに贈る、現実を知り抜いた人だけが口にできる珠玉のメッセージであったかもしれません。

ちなみに、この大御所画家と、同じ学科内の他の教授とが、とある授業で口論になったそうです。その際に放った大御所画家のひと言。

「君は、僕より（絵が）売れていないよね」

このひと言で、教室中が水を打ったように静まり返り、口論が収束したそうです。

どの世界でもプロフェッショナルはシビアな場に立ち続けているのです。

卒業単位の7割は実技、作品そのものが単位

読者の皆さんのうち、社会人の方の多くは、一般の大学などを卒業されたのではないでしょうか？

大学を卒業するためには、定められた単位を取得しなければなりません。法令で決められている単位は、４年制の課程において１２４単位以上が求められます。

私は大学を卒業したのがはるか彼方の昔なので、明確な記憶がないのですが、おおよそ１

つの授業の単位が2単位から4単位ですので、合計55〜60くらいの講義・授業を受け、授業ごとに前期と後期に試験を受けるのが一般的でしょう。見事パスをすると単位が取得でき、その単位の積み重ねによって進級し、規定以上の単位の取得により卒業となります。

他方、美術系大学の多くは、実技単位がメインとなります。その中でも東京藝大の場合は、単位の中に占める必修の実技科目の割合が7割以上となっています。ほかの美術系大学の必修の実技科目の割合は、大学によってさまざまですが、おおよそ4割から6割です（ほかの美術系大学も選択科目としての実技科目は用意されていますので、本人の意思次第では実技にシフトすることもできます）。

つまり、藝大では、4年間の学生生活をほぼ制作に費やします。

油画専攻以外の学科、たとえば工芸科や彫刻科では、ひととおりの知識や技術を入学後に学ぶことは先ほどお伝えしました。一定の技術を身につけたと認められて入学した油画専攻の学生には、ほかの学科に比べると、先生たちが細かく技術や技法を教えることはあまりありません。質問やアドバイスを求められても「それは自分で考えるしかないよ」というスタンスの先生が多いといわれます。つまり、常に自主性を重んじるのです。

学期・学年ごとに、作品を提出すると、必ず「講評会」が開催されます。

講評会とは、学生が制作した作品に対して、自ら制作意図などの解説を行い、担当の先生が講評する場です。この場には、同じ学科のほかの学生たちも参加し、作品に対しての批評も行います。

つまり、年間の中で数回、学生たちは自身の作品が批評に晒されるのです。

一般の大学のように、授業ごとに課題を出され、次の授業までに課題を提出する、いわば、ＰＤＣＡ（プラン・ドゥ・チェック・アクション）サイクルを回転させるような形式のものはほとんどありません。

ましてや、受験のときなどのように２日間で仕上げなければならないこともありません。数カ月、半年間の単位で、卒業するまで作品をひたすら制作し続けるのです。

そして、４年時に最後の作品制作である卒業制作をもって学部を卒業します（卒業制作についてはこの後に詳細を記します）。

破天荒な課題

授業での課題の多くは作品制作ですが、作品を制作しない課題もあります。

私が聞いた中で、こんな課題がありました。「明日の朝までに展覧会を開催せよ」です。

こちらの課題、単に徹夜で作品を制作して、教室で展示するという極めて単純なものではありません。

実際、どのような内容だったのか？

朝、受講生たち20人弱が東京都千代田区にある東京国立近代美術館に集められます。

まず、カバンごと持ち物すべてを没収されます。もちろん財布やスマートフォンも取り上げられます。そして、翌日の同時刻までに、全員で1つの展覧会の企画・開催をしなければならない、という課題なのです。

つまり、若い学生たちが24時間、着の身着のままで野に放たれることになります。

学生たちは交通費も持っていませんから、普段利用する交通機関からは見ることのない場所を歩いて回ることになります。それによって新たな発見をし、その発見から作品につながる直感を得ることも課題の狙いのひとつだと思われます。24時間もあれば相当な距離を歩くことができますから、その学生たちは東京中を回ったそうです。

そうして企画・実施された展覧会を紹介します。

それは、街ゆく人々がTwitterの中で作品を展示するものでした。丸一日、街ゆく人に声をかけ、受講生たちの集合写真をスマートフォンで撮影してもらいます。そして、その写真に特定のハッシュタグをつけて、Twitterに投稿してもらうことをお願いしたのです。

24時間が経過して大学に集まり、受講生たちが自分たちのスマートフォンを開くと、そのハッシュタグがついた彼ら彼女らの写真が、何枚もTwitter上に展開されていました。

彼らは答えのない課題に見事に応えたのです。

この課題に応えた学生もさることながら、このような破天荒な課題を出す先生も先生です。もし、生徒たちの身に何かあったらどうするのでしょう。親がモンスターペアレントであれば、裁判沙汰にもなりかねません。

しかし、実は先生や当時の助手、大学院生が見張り役となり、変装してこっそりと尾行をしていたのです。何かあったらすぐに対処できる体制を、学生たちに知られずに整えていたということです。こうして学生たちは「変化」への対応を学んだのです。

ダーウィンも次のような有名な言葉を遺しています。

「この世に生き残る生き物は、最も力の強いものか。そうではない。最も頭のいいものか。そうでもない。それは、変化に対応できる生き物だ」

複数の学科・専攻の学生が学ぶユニークな科目

東京藝大は、作品制作を重んじる学校ですので、座学の講義はあまり多くありません。また、学科・専攻ごとに学ぶ内容の差がかなり大きいので、共通科目も驚くほど少ないのが実際です。そうした中でも、複数の学科・専攻の学生が学ぶユニークな科目が2つあります。

ユニークな共通科目その1　美術解剖学

ルネサンス期にレオナルド・ダ・ヴィンチが描いた裸体の人体像。『ウィトルウィウス的人体図』と呼ばれるこの図を見たことがある方もいらっしゃると思います。この絵こそ、

「美術解剖学」の知見によって描かれたものです。

美術解剖学とは、生物の解剖学的な構造を絵画制作に応用するための知識体系です。

この美術解剖学の授業はとても歴史のある授業で、藝大の前身で明治時代に設立された東京美術学校からあったものです。専任の先生はもとより、東京大学医学部の先生が招聘講師となり、骨格の構造やそれを覆う筋肉について、解剖学に基づいて学びます。

人体や動物を描く上では、目に見えていない内部の構造を知ることにより、より表現力のある絵が描けるようになります。ダ・ヴィンチは、モナ・リザの微笑の鼻から唇にかけ

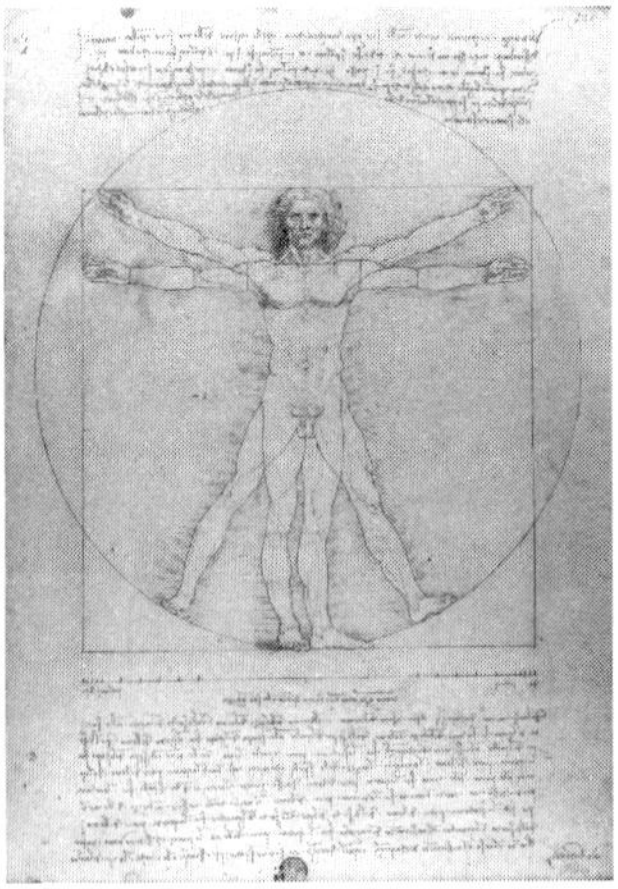

『ウィトルウィウス的人体図』

てのなだらかなカーブを描くために、死体の皮を剥《は》がして何枚も模写したと伝えられています。この講座でも、実際の人間の骨や頭蓋骨を見ながら筋肉と骨の構造を学びます。

私が知る現役生・卒業生たちは、東京藝大での授業について語るとき、必ず美術解剖学の話をします。講義を重ねて聴いているうちに骨の美しさに魅了され、背中や臀部の美しさにあらためて気づくそうなのです。

ユニークな共通科目その2　古美術研究旅行

美術学部全学科・専攻の学生が、２週間をかけて奈良・京都などの古美術を集中的に見て回る授業、通称「古美研《こびけん》」と呼ばれている古美術研究旅行です。

東大寺・室生寺・醍醐寺・三宝院などを巡って、仏像・建築物などを見学、そして時にはスケッチもします。この旅行の最も特徴的なところは、普段は公開されていない国宝級の古美術が、藝大生のためだけに公開されることにあります。

個々人によって、この旅行で感じ得るものはさまざまだと思いますが、私が印象に残った感想は、「１０００年以上もの永い時を経た造形物の、経年劣化による退色の美しさに感動した」というものでした。

学生たちは2週間、寝食をともにしますので、この旅行で何組かのカップルが誕生するそうで、こうしたカップルは「コビケンカップル」と呼ばれるとのことです。

多くの学生が絵を描かないで（?）卒業する油画専攻

多くの一般の大学は、卒業論文を書き上げて晴れて卒業となりますが、美術系の大学の多くは、卒業制作を完成させ、卒業制作展で作品を展示して卒業となります。

卒業制作展は、学科・専攻ごとに展示スペースが設けられ、一般の人々も学生たちの作品を自由に観ることができます。

かくいう私も毎年、この卒業制作展を観に行っています。すべての作品を観ようとすると、丸1日を費やさなければなりません。

当たり前ですが、工芸科は工芸作品が、彫刻科は彫刻作品が、日本画専攻は日本画作品が、建築科はパースや建築模型が展示されています。

しかしながら、油画専攻だけはバラエティに富んだ形態の作品が多く展示されます。

油画専攻ですので油絵ももちろんありますが、彫刻科の学生が制作するような立体作品や、写真作品、アニメーションやミニ映画のような映像作品、中にはソフトウェアやアプリケーションまで、ありとあらゆるジャンルの作品が展示されているのです。

ここ数年、私が見た中で特に印象に残っているのは、架空の観光地のお土産屋さんそのものを作ってしまった（再現した？）作品です。そのお土産屋さんの店内には、ペナントやキーホルダー、団扇《うちわ》や扇子、Tシャツや絵はがき、ポスターなどが、店内に所狭しと展示されていました。その展示スペースは、まるで鄙《ひな》びた観光地に迷い込んでしまったような気になる場所で、なんとも不思議な体験でした。

なぜ、油画専攻の作品の多くに、油絵以外の作品があるのでしょうか？

油画専攻で学ぶ4年間の中では、油絵以外のさまざまな表現を学ぶカリキュラムがありますが、それは油画専攻のルーツが、旧東京美術学校の西洋画科にあるからだと考えられます。そこは単に絵の技術を学ぶ場所ではなく、西洋の美術を日本に取り入れるという役割を持った学校の中の学科でした。

西洋美術は遥か昔の古代ギリシャ・ローマ美術から、ルネサンス期、印象派、ピカソたちが興したキュビズム、マルセル・デュシャンが興したレディメイド（大量生産された既成商品を用いた作品：便器を逆さまに展示した『泉』が最も有名）、そして現代アートに至るまで、「非連続な表現」のアップデートの繰り返しです。

つまり西洋美術は、表現のアウトプットの結果としては、絵画はもとより、今や映像や立体、写真やアニメーションなど、さまざまなカタチとして表出されるものなのです。

毎年の卒業制作展を観るたびに、私は「自由の海」に解き放たれた学生たちの自問自答のカタチを見ているような気がしてなりません。

ちなみに、これらの作品には、年ごとに傾向といえるものもあります。ある年は、ダークで暗い作品が多く、またある年はポップで明るい作品が多かったりします。

アートは時代の潮流を映し出す鏡でもあります。皆さんもぜひ一度、東京藝大の卒業制作展を観に行かれてはいかがでしょうか？

油画専攻と対極に位置する絵画科日本画専攻

同じ絵画科でも、油画専攻と日本画専攻では、学科の成り立ちからして大きな違いがあります。

ともに１８８７（明治20）年設立の東京美術学校が母体なのですが、日本画専攻は創立時からある最も古い学科であり、伝統美術の復興と当時の輸出商品であった日本の伝統美術の制作者を育てる学び舎として設立されました。

一方、油画専攻は日本画専攻に遅れること9年後の１８９６年に設立されました。当時のスローガン〝欧米に追いつき追い越せ〟のもとに、最先端のアートを学ぶ場として設立されたのです。

先ほど記したように、油画専攻が「西洋美術の非連続な表現のアップデート」にルーツがあるのに対して、日本画専攻は「伝統技術を継承すること」にルーツがあります。

成り立ちが大きく異なるゆえに、入試から、表現技術、そして描く上での思考に至るまで大きな違いがあります。

モチーフをリアルに描写する力で合否が決まる日本画専攻

現役の日本画専攻に在籍する学生……和田宙士《ひろと》さん
・２０１６年美術学部絵画科日本画専攻卒業、２０１８年大学院美術研究科修了、２０２０年大学院後期博士課程在籍中

ここからは、現役学生の和田さんへの取材を基に、日本画専攻について記していきます。油画専攻の試験では毎年、ある意味で「奇をてらった」実技課題が出題されるのに対して、日本画専攻の場合は、１次試験で石膏像によるデッサンが出題され、２次試験では静物（植物や果物など）を水彩絵具で描写する、「静物着彩」と呼ばれる実技試験の傾向があります。

油画専攻を卒業した卒業生たちに「日本画専攻の人たちは超絶的に描写が上手い」と聞いたことがあります。入試において、油画専攻では技術に加えて個性や個々人の持つ思考の表出が求められるのに対して、モチーフそのものをいかに細微にわたってリアルに描写できるかが日本画専攻の入学試験には求められます。

入試の時点で、油画専攻と日本画専攻の求められる表現力には差異があるといえます。

受験デッサンを捨てろ――日本画専攻の場合

日本画専攻に入学してまず言われること、それは「受験デッサンを捨てろ！」です。「日本画専攻なのになぜ、西洋のデッサンを受験で課すのか？」という疑問はさておき、デッサンは、モチーフを光と影の陰影、つまり「面」で描く西洋の絵画技法です。

他方、ご存じの方も多いと思いますが、日本画は「線」で描きます。この「線で描くこと」を日本画専攻では徹底的に仕込まれます。

たとえば先生からは、「光を描くな」と口酸っぱく言われ続けるとのこと。合格までの間は光と影で物事を捉える西洋デッサンをひたすら描き続けてきたので、最初は大きく戸惑うそうなのですが、輪郭線で対象を捉え〝ものの存在そのものを描く〟ように意識をシフトしていくと、線で描けるようになるとのことです。

前述のように、油画専攻でも入学後に、「受験で身につけたものを忘れろ」と言われますが、日本画のそれとは大きくニュアンスは異なります。油画専攻では、洋画の基礎的な能力——守破離でいえば「守」は、受験勉強によって身につけた前提で、「破」に向かう道筋を示しますが、日本画専攻では、日本画の「守」を身につけるところから始まります。

日本画の「守」

日本画専攻では、１年生のときに日本画の技法と材料の使い方を徹底的に学びます。日本画では岩絵具《いわえのぐ》と呼ばれる顔料を膠《にかわ》（動物の皮革や骨髄から採取される糊）に溶かして描きます。また絵筆も水彩画や油絵のそれとはまったく違います。ほぼ毎日、描き続けるので、１年たつと基礎的な日本画が描けるようになります。そして２年次になると、毎月１回、講評会がありますので、講評会に向けてひたすら描き続けます。

最初の頃は出された課題に取り組みますが、しばらくすると自分で課題を決めて描くようになります。自分で課題を決めて作品を制作する、あくまで生徒の自主性に委ねるというのは、油画専攻と共通しています。

しかしながら大きなルールがあります。それは、必ず岩絵具を使わなければならないことです。つまり岩絵具以外の絵具を使って描いた絵は日本画として認められません。

つまり「常に伝統的な材料と技法に則らなければならない」という鉄則が存在します。

これが日本画の「守」なのです。

日本画は矛盾の塊!?

ここでは、和田さんに取材した際の「生の声」を少し記しておこうと思います。

――日本画は、決められたルールの中での表現活動をするわけですね?

『追憶、あるいは花』という作品がありまして、自分の中では攻めた作品だと思っています。コンセプトは宇宙の視点から都市を見た風景でして、脳細胞の神経のように網目状に街が広がっている絵です。

――日本画というと美人画や花鳥風月という

和田さんの作品『追憶、あるいは花』©Hiroto Wada 2019

イメージが強いのですが、宇宙と脳細胞のような都市を描くというのは斬新な表現ですね。学部を卒業したあとに大学院の修士課程に進んで、現在は博士課程に在籍していますよね、学部、修士、そして博士課程と進級して、作品や自身の作品に対する姿勢はどのように変化していますか？

もともと自主性を重んじる学校なのですが、４年間の学部では毎月講評会があり、それが２年間の修士課程に進学すると年に１回の講評会があり、現在、博士課程の１年目なのですが、３年間の在籍中の最後に論文と絵画を完成させればいいので、基本的には何をやってもいい環境にいます。

最近、思うのですが、日本画自体が矛盾の塊なのではないでしょうか。

というのも、そもそもの日本画のルーツは中国の絵画にあります。中国の絵画の技法や材料を輸入し、そこに端を発して、現在の日本画に至るわけです。言葉の意味としての日本オリジナルの絵画は存在しないのです。

——確かにそういわれてみると、日本の文化自体が、江戸時代の鎖国していた期間を除けば常に他国から影響を受け続けてきていますよね。

その矛盾と自分がどう向き合い、岩絵具という制限された画材を使ってどのような表現をしていったらいいのかが、この3年間の博士課程での自分の課題です。

――残りの2年間で、ぜひとも自分なりの結論を絵画と論文でアウトプットしてください。陰ながら応援しつつ2年後に期待しています。

保守的な世界だからこそ生まれるイノベーション

現役の学生で、しかも美術アカデミズムの頂にある博士課程に在籍している和田さんは、伝統を重んじる日本画というある意味で保守的な領域の中で、日々、自省を繰り返しながら作品制作を続けています。

話はややそれてしまいますが、保守的な組織から、破壊的なイノベーションが起こった例を目の当たりにした経験があります。

すでに十数年も前の話なのですが、保守的なイメージが強い会社の研究所と以前、お仕事をご一緒させていただいた際の主任研究員の口癖は「テレビを壊してやる」でした。

今では当たり前になっている、インターネットによるテレビ番組の同時配信ですが、当時は放送法の規制があり、テレビ局にはインターネットでの番組配信は許可されていませんでした。

その方は20年以上前から、インターネットによる番組の配信が将来的に実現されることを信じて、独自に研究開発をしていました。２０１９年5月に成立した改正放送法によって、インターネットでテレビの放送番組を常時、同時配信することが可能になりました。

彼の研究開発した技術がなければ実現はなし得なかったのです。

自由な気風の組織にいるほうが、もちろんイノベーションは起こりやすいと思いますが、この事例は、保守的なルールを重んじる組織や業界だからこそ、反骨精神を持ったイノベーターが時間をかけて考えを実現した好例だといえます。

この例のように、和田さんが伝統を重んじる日本画の世界で、新たな表現のイノベーションを起こしてくれることに期待したいと思います。

また、彼の話によると、日本画専攻を卒業する学生は、年々、就職率が高くなっているそうです。

特にゲーム会社でクリエイター職に就く人が多いとのことです。先に美術解剖学の話で触れたように、たとえば人体の構造などについても高度な知識を持って学んでいるので、そうした知識と高度な描写力が、キャラクターなどのデザインに即実践として活かされることも一因だといいます。

中にはテキスタイルメーカーで営業職に就いている人もいるそうです。

和田さんは学部生の頃に一時期、村上隆氏の工房で制作のアルバイトをしていたそうですが（村上氏も日本画専攻の博士課程を出ています）、自らの事業を経営し、組織を経営しながら、しかも当然のように絵を描く村上氏のバイタリティに圧倒されたそうです。

村上氏自身も保守的な日本画の世界で、「守破離」でいうところの「守」を学んだからこそ、型を破り、独自の世界へと飛び越えて行けたのではないでしょうか？

自画像を描く意味

先ほど卒業制作展について触れました。多くの学科では、自身の卒業制作に加えて自画像を描くことが必修です。この自画像制作は明治の昔から、前身である旧東京美術学校より続いています。

なぜ自画像を描くのでしょうか？

自画像を描くということは、自分を内省し、見つめるということにほかなりません。

4年間の大学生活をとおして、どのように自身を見つめてきたのかを、学校側が問うているのではないでしょうか？ ピカソ、ゴッホ、ダリなど、多くの巨匠たちも自画像を残しています。アーティストたちは、常に自分自身と向き合って作品を制作しているということが理解できるのではないでしょうか。

しかし、先の教授の「卒業してから地獄が待っている」との言葉どおり、卒業生で生涯アーティストとして身を立てていける人は、ほんのひと握りに過ぎません。

インタビューに答えていただいた卒業生のアーティストの皆さんが末永く活躍していかれること、そして現役の大学院生である和田さんが卒業後もアーティストとして羽ばたいていかれることを願ってやみません。

何を教え、何を教えないのか
――東京藝大名誉教授・佐藤一郎さん

・1970年美術学部卒業、1972年大学院美術研究科修了、1981年博士課程油画専攻を単位取得退学し、講師に。助教授を経て1999年より美術学部教授を務め、2014年に退任。現在、東北生活文化大学学長・東京藝大名誉教授

ここまで卒業生や現役の学生の方の取材に基づいて東京藝大に迫ってきましたが、この章を締め括る意味でも、36年の長きにわたり藝大で教鞭を執られていた佐藤一郎先生に「入試」「教育内容」「未来に向けて」の3つのテーマを中心にお話をお伺いしました。

入試は「受験生と大学側との闘い」である

――藝大の入試は、いったいどういう基準で、どんな人を入学させるのでしょうか？

それにお答えする前に、まず「表現」というものについて少し話をさせてください。表現とは「エクスプレッション」と「リプレゼンテーション」の2つで構成されています。

「エクスプレッション（expression）」とは、自分自身を圧縮して「ex（外へ）」「pression（絞り出す）」ような行為。つまり自己表現です。

では「リプレゼンテーション」とは何でしょう。この言葉を分解すると、「re（再び）」と「presentation（プレゼンテーション、提示）」に分かれます。自分の目を通して３次元の世界を２次元に置き換えて、再び提示する（再現模倣する）こと。これも絵画の重要な役割です。

この２つがないと、表現を続けられません。入試では、この２つの要素が表現に入っているかどうかを見るのです。

――藝大の入試は傾向といえるものがなく、ある年は上野動物園で描かせたり、またある年は１行の文章をもとに描かせたりという課題が出されます。これはなぜですか？

それは、受験生たちにある意味で「圧力」をかけることで、彼らの無意識の中にあるモノを見るためです。

予期せぬ環境下に置かれることで、その人の内面世界というものがギュッと出てきます。それこそが自己表現であり、入試ではここを見ています。圧をかけたときに、自分のそれまでの人生が表現できているのかが最も重要なのです。

単なる「上手い・下手」では合格にしない。自分の目で対象をきちんと見て、その人が持つ個性がある絵を描ければ合格にする。もちろん絵に正解などはありません。

大学側としても、受験生それぞれの絵を通して、彼らの人生と向き合うわけですから、入試は審査する側も真剣勝負であり、「受験生との闘い」なのです。

――自分の目で見ることがリプレゼンテーションであり、個性がエクスプレッションなのですね。合点がいきました。通常の入試は、試す側（大学）と試される側（受験生）という関係ですが、お互いの闘いと捉えるのは、「受験生も我々と同じアーティストなのだ」という想いが大きな軸にあるからなのだと感じます。

年によっては競争率が40倍というときがありました。1次試験ですと、２０００枚もの絵を教授陣で1枚1枚、朝の8時くらいから夜中までぶっ通しで審査します。

昔、最初の1枚から順次、多数決で決めていた時期がありました。挙手をして決めるのですが、何枚、何十枚と審査が進んでいくと、ベテランの60代後半の先生の手が、疲労のあまり上がらなくなってしまうこともありました。

そこで、ある年から押しボタンを設置して、ボタンが押された数を助手が数えることにしました。しかし、絵を見ることに力が入るので、ボタンを強く押しすぎて、今度は指が痛くて動かなくなってくるようなこともありました。

笑い話のように思うかもしれませんが、審査する側も真剣勝負なのです。

また、審査する側は、年齢層の幅も非常に広くて、下は30代から上は60代の後半まで30歳以上の開きがあるため、年代によって絵を見る価値観も違います。

つまり、価値観の違いによって教授・教員同士のケンカが始まる。ケンカというと言い過ぎかもしれませんが、夜通しの侃侃諤諤の議論になります。

若手の先生の視点からすると「この絵は合格に値する表現だ」と思ったものが、ベテランの先生からするとまったく琴線に触れない。しかし、議論していくとベテランの先生が若手の先生の考え方・絵の見方に納得する。もちろん逆のパターンもあります。受験生の絵に対して、一人ひとりが決して力を抜くことなく、1枚ずつ、何回も見て対峙するのです。

*

藝大の先生側もまさに闘っている、という風景がとてもイメージできました。このような相互の「闘いの場」を経て、ダイヤの原石たちが藝大美術学部の門をくぐります。

「見守る」という教育方針

――入学後は、どのような教育をするのでしょうか？

合格した学生たちの絵は、選抜の段階で10回以上見ていますし、合格後にはそれを描いた人の名前とプロフィールを知ることになります。入学してきたときには、絵に加えて出身地や高校などの情報から、おおよその「人となり」の想像がつきます。

藝大の教育スタンスは「学生たちがどういうふうに育っていくのかを見守る」ことにあります。

――「育てる」のではなく、「見守る」のですね。学校教育というと、ともすれば教えるという名のインプットをし続け、「さぁ、どうだ、わかったか！」を繰り返し続けるというイメージが強いのですが、この「見守る」というスタンスはとても新鮮です。

しかしながら、私は特定の部分については徹底的に教えました。

「キャンバスとは何か？」から始まり、絵筆や刷毛《はけ》の使い方、キャンバスの貼り方、そして絵を描く手順、絵具はどうやって作るのかに至るまで、材料と技法に関する古典的な知識――絵画がどういう仕組みでできているのかについては、基礎から徹底的に教えたので

す。学生が聞きたいか、聞きたくないかにかかわらずです（笑）

「すでにそんなこと知ってるのに、何を今さら……」と思った人もいたでしょう。「そんな昔のことを教えられても……」という学生も多くいたかもしれません。

しかしながら、そのような、ある意味で「保守派」である私の研究室の出身者が、今の現代アート界で活躍している人たちの中にも、少なからずいるのです。

会田《あいだ》誠という現代アートの作家がいますが、彼は私の研究室の出身なんですね。学部生のときには、黒板にチョークでちょっとふざけたような絵を描いていたのに、4年生になったばかりの頃に私のところに来て、「先生の研究室に入って、ヤン・ファン・エイク（15世紀ヨーロッパの宮廷画家）のような絵を描きたい」と言ってきたのです。

「私は藝大の中でも『保守派』だよ。本気で来たいの？」と尋ねたりするうちに、彼も真剣だというのがわかったので、「いい絵を描いているのだったら採用するから」と伝えました。

果たしてその1年後の大学院試験の場に、彼は立派な具象画を描いて持ってきました。

面接では、「私の研究室では、毎日朝8時から夜の8時までアトリエに籠って絵を描かないといけない」という条件を提示したところ、嘘か本当かわからないけど、「できます」と答えたのです。

その後、彼は修士の2年間のほぼ毎日、朝の8時から、最低でも12時間はアトリエで絵を描いていました。ずっとアトリエに籠っていて、彼女とのデートもアトリエでしていたくらいです（笑）

とにかく、くる日もくる日も、ひたすら絵を描いて、その頃に描いていた絵で今、著名な美術館に所蔵されているものもあります。

＊

実際に、佐藤先生の研究室出身で、現代アート界で活躍しているアーティストは何人もいます。聞くところによると、絵画はもとより、サウンドインスタレーション（音楽を中心に立体作品などと組み合わせて構成される作品群）に至るまで、その幅の広さには驚くばかりです。

先生曰く、「教えていることは保守的であるものの、前衛的な学生も集まってきた」とのことです。

『論語』に「故《ふる》きを温《たず》ねて新しきを知る」という言葉があります。ご存じのとおり、「昔のことを研究・探究して、そこから新たな道理や知識を得る」という意味です。

古典美術を学ぶことで新たな表現を創り出す——まさに「伝統」と「革新」の同居によって、新たな世界への扉が開かれるのではないでしょうか。

また、佐藤先生は「徹底的に教える」とおっしゃっていましたが、さらにお聞きすると、「物質としての表現の方法は教えるが、個々人が制作する表現そのものには（言いたい気持ちがあっても）あえて言わない」というスタンスを取り続けたそうです。

これこそが、まさに〝見守る〟ということにほかならないと思います。

テクノロジーが発達すればするほど「手仕事」がより大切になる

——インタビューの最後のパートとして、芸術・アートの世界での、未来に向けた展望をお聞きしたいのですが。

最近、若い人たちから、「ＡＩが発達すると人間がテクノロジーに使われるようになってしまい、絵描きなど世の中から必要なくなってしまうのでは？」という話を聞きます。

しかし、私は決してそうは思いません。

人間の手仕事は、大変なもの、尊いものです。

私はデザイン系のコンピューターソフトである「Illustrator」や「Photoshop」も自分で触って使っています。実際に触れてみて、これらのソフトは油絵を構造的に深く知っている人が作っているのではないかと感じました。

なぜか？ いずれのソフトもレイヤー（層）を重ねていったものを画像として見せるわけですが、まさにこれは「油絵を描いていくプロセス」なのです。

つまり、モノ（対象）を見て、身体を動かして絵を描く——この経験をした人こそが、こうしたデジタルソフトを作り得るわけです。

——手仕事がテクノロジーの基になっているということでしょうか。

それだけでなく、相互に作用して発展していったということです。

カメラの原点は「ピンホール（針穴）カメラ」ですよね。極小の穴を通してものを見ると、外側からの光が入り、風景などが縮小されて映る。この理論を応用してできたのが、「カメラ・オブスキュラ（「小さな暗い部屋」という意味）」と呼ばれる暗箱《あんばこ》です。

フェルメールはアトリエを暗箱にし、正確に計算をして対象を転写し、絵作りの基本にしました。彼はいわば「針穴」から一歩進んで、凸レンズを通して、対象（モチーフ）を絵画として描いたのです。

これはまさに「風景を切り取って写す」撮影の行為にほかなりませんよね。つまり、フェルメールは、自身が培ってきた絵画の技量に加えて、当時の最先端のテクノロジーを応用・統合して作品を作っていたのです。

はるか昔から、テクノロジーと絵画は常に協力し合って互いに進化してきました。

写真も、ピンホール（針穴）カメラから始まり、モノクロ写真、カラー写真、そして現在はデジタル写真へと進化しました。これは「人がモノを見る」という行為を拡張するテクノロジーの発達といえます。また逆に人間のほうも、そうしたテクノロジーを絵画に活かすようになってきます。たとえば望遠鏡が発明されれば、望遠鏡で見た月の絵を描く人が出てくるし、顕微鏡ができれば、それで見た世界を絵画にする人も出てくる。

フェルメールをはじめ、数多くの絵描きがしてきたのと同じように、「テクノロジーと手仕事との共同作業」は、これからも脈々と続いていくはずです。

フェルメールは当時の最先端のテクノロジーを使って作品制作をしましたが、忘れてはならないのは、「自らの手を使って描く」という手仕事が大前提にあることです。

＊

佐藤先生は、現在は仙台にある東北生活文化大学・同短期大学の学長をされており、大変お忙しい中、１時間半もの時間を割いてお話をお伺いできました。

先生は東京藝大に在職中、油画技法材料研究室の長として学生たちの指導にあたっていたほか、１９９９年4月に設置された先端芸術表現科の設立にも尽力されたそうです。

また、学内だけでなく、東京大学や東京工業大学との共同研究もされていたそうで、教育・研究の場で、今もって多岐にわたって活躍されています。

インタビューを通じて、ご経験と知見はもとより、その熱量とバイタリティに圧倒されました。

これらのお話以外にも、紙幅の関係でここには書ききれないような興味深いお話を数多くお伺いしました。

たとえば、「油絵のルーツはヨーロッパである」という定説がありますが、実は中央アジアにそのルーツが求められるかもしれないこと、明治時代から脈々と続く日本の西洋絵画の歴史、バロック期の画家ルーベンスの絵を再現するルーベンスゼミのお話などです。

最後に、私自身にとって、とても印象深かった言葉を紹介します。

「絵というのは、3次元のものを2次元の上に再現模倣したものといえますよね。ただ、実際は絵具という物質を巧みに組み合わせて、何層も重ねて描く。顕微鏡で見ると、これはとても立体的な構造でもあります。

私なりに解釈するとすれば、目で見えるこの世界は3次元ですが、そこにある構造を、2次元として見えるように極限まで〝ギュッ〟と押しつぶして表現したもの、それが絵画なのです」

この〝ギュッ〟という擬音のうちに、究極の手仕事を感じずにいられませんでした。

第3章

「学び」と「気づき」をビジネスに活かす卒業生たち

アーティストからビジネスパーソンへとキャリアチェンジを行った卒業生たち

卒業後の進路が「未定」の人がとても多いのが、東京藝大美術学部の大きな特徴です。

同大学のウェブサイトによると、令和2年の進路状況は、卒業生２１２人中、大学院への進学者が１１３人（53％）と最も多く、企業への就職は32人（15％）で、進路が未定・他の人は31人（15％）となっています。

また、大学院修士課程の進路状況も卒業生１８３人中、未定・他の人が57人（31％）で、次に非常勤・自営の人が55人（30％）となっています。

学部・大学院とも、「未定」の人々は作家（アーティスト）活動をしていると予想がつきます。

しかし、現実は一生涯、作家活動のみで生活できる人はごくわずかです。作家としての活動からキャリアチェンジを行い、アートとは異分野で活躍している方、また、卒業とともにアートの道を離れ、さまざまな分野で活躍している人も決して少なくはありません。

ここ数年、デザイン思考やアート思考など、アートやデザインが持つ思考そのものをビジネスの場で活かし、新たな価値を生み出す動きが注目されています。

このデザイン思考やアート思考は、ややもすると真の活動をしているデザイナーやアーティストをおざなりにして語られてしまっている場面が多いのが事実です。また、実際に多くのビジネスパーソンは、アートとビジネスとの関連性について、疑問を感じているのではないでしょうか？

それもあって、この章では、アートやデザインを実際に東京藝大で学び、体現した方々の中でも、ビジネスの分野で活躍している方にお話を伺いました。アートを学んだことが実際にどのように活かされているのか、おわかりいただけると思います。

テクノロジーとアートを統合する経営者の原点は学生時代に

――株式会社メディアギルド代表取締役・坂本博史さん

・１９８４年美術学部彫刻科卒業。株式会社メディアギルド代表取締役

現在、テクノロジーとアートを融合させたＩＴ企業を経営されている坂本博史さんにお話を伺いました。

まずは受験の動機と合格までの道のりをお聞きしました。美大受験生のほとんどがアートが大好きで、将来はアーティスト、もしくはデザイナー志望が多い中、決してそうではなかったという坂本さんの受験の経験はとてもユニークです。

１浪する予定だったのに現役で合格してしまった

――坂本さんがそもそも東京藝大に入ろうと思ったきっかけは何ですか?

小学生の頃から、なんとなく「放送の仕事に就きたい」と思っていたのです。それが高校生のときに文化祭の実行委員長をするなどして、確信に昇華されたのと、元来のお祭り好

きな性分とが相まって、美術も音楽も含めた総合芸術の演出をやりたいと強く思ったのです。美術と音楽の両方の学部がある学校はどこだろうと思って、いろいろと高校生なりに探していたら、東京藝大しかないことに気づいて受験をしようと思いました。

絵は、まぁ、得意と言えば得意でしたが……。実は藝大の音楽学部に入りたかったのですが、楽器ができないので、美術だったらなんとかなるだろうと思ったのです。

――美術だったらなんとかなるだろう、という軽い気持ちだったのですね？

そもそもがいい加減な性格なので、なんとかなると思ったのです。

油画専攻は競争率も高いし、絵が上手な高校生は全国にごまんといるので、まず油画専攻は無理だろうと。彫刻科だったら競争率も低いし、なんとかなると思ったんです。

いわゆる彫刻家になりたいなんて思っていませんでした。総合芸術をするためには藝大しかなかろうと思って、競争率が比較的低い彫刻科を狙ったのです。

高校2年生の春休みに、美術予備校の春季講習に行ってみたんですが、まぁ、こんなものかな、と思って、その後はまったく受験デッサンとかは、してませんでした。本格的な受験勉強を始めたのは、3年生の2学期に入ってからです。

――えっ、2学期ということは、受験の半年前から始めたんですか？　現役で合格したんですよね。藝大の美術学部って現役合格者が3割ぐらいですし、すごいですね。

実は浪人やむなしだと思っていたんです、だって、半年で入れるとは思っていなかったから。すごいかどうかは別にして、3学期に入ってからは美術予備校に寝袋を持ち込んで、朝から晩まで寝る暇を惜しんでデッサンを描きまくっていました。

2次試験では塑造（粘土による立体造形）がありますが、塑造対策はほとんどやっていません。通っていた地元の美術予備校に彫刻を教える講師がいなくて、しかも浪人は覚悟していたので、1次試験のデッサンをパスすることを目標にしていました。

――2次試験対策は浪人中にじっくりとやると決めていたのですね？

とはいうものの、3週間ぐらいはやりました。2次試験は通らないと思ったのですが、直前講習会で東京の美術予備校で彫刻を教えてもらいまして。まぁ、3週間やっただけで受かるほど甘くはないということは、高校生ながら感じていましたが。

でも、合格してしまったんです。

実は、1次試験に通ったことで自分としては満足したので、2次試験には遅刻してしまったんですよね。ただ、今思うと、遅刻したことで合格できたと思っているんです。

——どういうことですか、それは？

遅刻したことで、頭がクールダウンできたんです。

試験会場に着くと、虎かライオンらしき大型肉食獣の頭蓋骨のモチーフが置かれていたので、課題の説明を聞いていない状態でとりあえずなんとなく作ったのです。

お昼休みの時間に実技試験の課題の説明をほかの受験生から受けて、上野動物園にいたライオンだと聞いて仕切り直しをしました。

あらためて思うと、遅刻した午前中に、とりあえず形だけは正確にと手を動かしながら、「いったい、どんな主旨でこの課題を作らせるのか？」を自分なりに考えたのが良かったのかもしれません。意図がクリアになったので午後からは「ライオン、ライオン」と念を込めて一生懸命に制作しました。

もともと動物が好きなんですよ。好きこそものの上手なれではないですが、もし課題が動物でなければ合格しなかったでしょうね。運も良かったんだと思います。

*

「勝負は時の運」とも言います。のちほど詳細を記していきますが、社会人になってから坂本さんは、その時々の時流をキャッチアップしキャリアチェンジを繰り返し、結果としてステップアップしていきます。

数少ない現役生の坂本さんの学生時代は、いったいどのようなものだったのでしょうか？

プロデュース活動で多忙な「作品を作らない」藝大生

――入学されて、東京藝大はいかがでしたか？

入学してみると、彫刻科の人たちとは馬がまったく合いませんでした。

そもそも彫刻家志望ではなかったのもありますが、同級生のほぼみんなが年上なのです。当時の藝大彫刻科の現役合格者は、私を入れてたったの2名で、現役生はとても肩身の狭い思いをするんです。学生時代って年齢が1つ違うだけでも大変なことじゃないですか。ですから、同級生なのに小僧扱いされてしまったんです。

それにも増して、みんな実技が上手い。経験の差を痛感しましたね。それもあり、先輩ヅラする気分を味わいたくて大学に5年いました（笑）

——授業にはきちんと出席していたのでしょうか？

最初のほうは授業には真面目に出席して、単位も取得しました。1年生の実技は木彫・石彫・金属（溶接など）とひと通りの素材の経験ができるのと、たとえばノミを手作りするなど「彫刻をするための道具作り」も行うので、面白くて真面目に出ていました。しかし、素材実技の基礎授業が終わると、午前中は裸婦の塑造になり、つまらないし、朝だから眠いし、まったく出席しなかったんですよ。

——えっ、裸婦像の制作をまったくしていなかったんですか？ 藝大彫刻科って人体像の制作こそが明治からの伝統だと思うのですが……。

興味がなくてやりたくなかったんですよ、おそらく明治の開校以来、在学中に1体の人体像も作らずに進級したのは私が初めてだと思います。あと、ほかにやることが多くて時間がなかったし。

——いったい、何をやっていたんですか？

私はそもそも総合芸術のプロデュースがしたくて藝大に入ったのと、元来がお祭り野郎なので、学内でさまざまなイベントを企画・運営していて、作品を作る暇などなかったんですよ。

藝大に入って、まずは学園祭（藝祭）の企画委員になりました。彫刻科の人たちとあまり仲良くならなかった反面、デザイン科や工芸科、そして音楽学部の人たちと仲良くなって横のつながりをどんどん広げて行ったのです。

このネットワークを駆使して、藝祭のステージのプロデュースをしました。

＊

学園祭のプロデュースに始まり、坂本さんは学生時代にさまざまなイベントやほかの美術系大学を巻き込んだ展覧会の企画をしています。

近年、「オープンイノベーション」や「共創」と呼ばれている、組織や会社の枠を飛び越えて、さまざまなステークホルダーと連携する形での新たな価値創造が求められています。しかしながら、実際には企業文化の違いや会社ごとのルールの違いによって、なかなか上手く進んでいないのが現状ではないでしょうか？

特に芸術家を目指す学生たちは、独立したアーティスティックなマインドが高いので、坂本さんのように異なる者同士をつなぎ合わせ、何かを生み出すことに率先して手を挙げる人はほとんどいないように感じられます。

近年では、美大においてもアートプロデュースやアートマネジメントを学べる学部・学科が創設されていますが、今から30年以上も前に、誰にも教えられることなく、さまざまなプロデュースを成し遂げたことは特筆すべきことです。このプロデュースマインドと実行力が、その後の数々の仕事に活かされていくこととなります。

坂本さんが学生時代に企画し、今でも藝大で続いている偉業があります。東京藝大を含めて美術系大学4校が合同で行う芸術・体育祭「四芸祭」のプロデュースです（2011年には新たに1校が加わり五芸祭となっています）。

「藝大始まって以来の快挙」を実現

――もともとは3校合同のイベントだったそうですね。

はい。当時、藝大と金沢美術工芸大学・京都市立芸術大学の間で、運動部の交流戦と合同での作品展示などを毎年持ち回りで行う「三美祭」というものがありまして、こちらの実行委員を務めました。その翌年には三美祭に愛知県立芸術大学（愛知県芸）を加えて四芸祭となったのですが、規約改正の草案は私が書きました。

当時、数カ月ほど、京都・一乗寺の長屋に潜伏したり、長久手の愛知県芸声楽科女子が借りていた男子禁制のアパートにこっそり泊まったり、金沢美大の三美祭委員長の下宿に転がり込んだりしながら、東京・京都・愛知・金沢を行脚し、愛知県芸も加えて四芸祭にする企画を練って他大学と調整を行い、三美祭を四芸祭にしたんです。

その後、藝大美術学部の学生を代表して、大学の自治会長も務めました。

——彫刻科に在籍していながら、彫刻作品を作らずに、なぜ進級できたんですか？

学園祭の実行委員に始まり、三美祭の委員や、三美祭を四芸祭に拡大したり、自治会長などをしていましたので、おそらくこの活動を彫刻科の先生たちも多少は認めてくれたんでしょう。「坂本は別の場所でとりあえず何かやっている」と評価してくれたので、作品制作は免除してもらえたんでしょうね。つまり、「藝大に多少の貢献をしている」と思われたようです。

――在学中での貢献が評価されて、作品制作が免除されたというのは、なんともおおらかな逸話ですね。卒業制作はどうされたんですか？

さすがに芸術系の大学ですので、卒業制作で作品を作らないと卒業はできません。卒業制作だけはがんばりましたよ。しかも半年以上かけました。巨大な動物パズルやアニメーションなどの映像作品など、かなりの数の作品を作りました。

当時の松下電工（現パナソニック）にスポンサードをしていただいて、二股ソケットを９００個提供してもらったりもしました。当時の教授たちも絶賛してくれました。

――学生時代の最後の最後は数々の作品を制作されたのですね。

はい、集大成なのでやり抜きました。

しかし、大学院の試験には見事に落ちました。それまで作品を一切作ってないのですから、当然といえば当然かもしれませんね。

＊

「総合芸術プロデューサー」を目指して藝大に入った坂本さんの学生時代は、まさにその目標を体現したものでした。そして、あえて自身で１年間の留年を選択し、５年間の学生生活を経て卒業をされました。

総合芸術プロデューサーを目指して一般企業に就職を果たすと思いきや、意外な道を歩んでいくのです。

アートの世界から一転、システムインテグレーターの世界へ

——卒業されたあと、プロデューサーを目指してどんな企業に就職されたのですか？

実は彫刻家になろうと思い、作家活動を始めたんですよ。卒業制作の評判が良かったので、このままアーティストで食っていけると思ったんです。

卒業後、「アニマルキューブ」という正6面体のパズルを考案して、それをいくつかの玩具メーカーにプレゼンしたところ、とある有名玩具メーカーが買い上げてくれまして、そこそこのお金が入ったんですよ。

——それはすごい。作品も確かにすごいんですが、それ以上にプレゼン力が秀逸だったんでしょうね。

作家活動を始めたところ、結構いろんな賞に入選したんですが、賞金はなくて。結婚も

していましたし、「これじゃ食っていけないなぁ……」と思って、2年と経たないうちに作家活動はやめてしまいました。

それで、環境デザインの会社でアルバイトを始めたんですよね、パースを描いたり、企画をしたりと、当時では珍しくパソコンが使えたので重宝されました。時給もとても良かったんです。しかしながら勤務態度が悪くて、つまり時間どおりに出勤できないので、3年半ほどでクビになってしまいました。

――スキルはあるのに、時間にルーズだったツケが回ってしまったのですね……。

それで半年ぐらいぶらぶらしてたんですよね。そうしたらある日、外国人のエージェント（ヘッドハンター）から電話が突然かかってきて、「とある外資系企業が、デザインや広報・マーケティングの部門でコンピュータが使える人材を探しているので、いい人材がいたら紹介してくれないか？」と相談されたんですよ。

そこで、「いい人がいるんですが……」と自分自身を紹介したんです。

半年間、無職ですからお金も底をつき始めましたので、死活問題ですよ。それでエージェントとその外資系企業の人と会って面談をしました。そうしたらすぐに採用となったんです。１９８８年の10月、20代後半にして会社勤めとなりました。

会社はエレクトロニック・データ・システムズ（Electronic Data Systems：通称ＥＤＳ）というＩＴサービス企業の会社です。わかりやすくいうとシステムインテグレーターの先駆けの会社ですね。

――アーティストからＩＴ企業に転身したんですね。どんな仕事をされたんですか？

なんでもやりましたよ、セールスサポートからデザインディレクション、企画まで。当時、日本にはＩＴなんて言葉を知っている人などほとんどいなくて、ましてや「システムインテグレーター」という概念そのものもありません。日本のメーカーはメインフレームの大型汎用機を製造販売していたので、ＥＤＳは時代の最先端を行っていましたね。

当時のＥＤＳはＦＩＦＡワールドカップや１９９２年のバルセロナオリンピックのシステムを一手に引き受けていました。ノウハウの蓄積がすごいんですよ。当時、日本の企業で、エンタープライズ系の――つまりＢｔｏＢのＩＴのノウハウを持っている企業なんて皆無でしたから、アメリカ本国の事例やノウハウを翻訳してプレゼンをすると、みんなびっくりするわけです。

また、当時のＥＤＳは資金が潤沢にありましたので、最新鋭のマシンやソフトウェアが即、使える環境にあったのです。元来、機械いじりが好きだったので、個人的にも楽しかったですね。

ただし、仕事は毎日がプレゼンの連続で、さまざまな企業のコンサルティングに関わりましたし、当時最も最先端であったＧＰＳの技術を使ってカーナビのシステムを開発したり、超大手企業の買収案件にも関わりましたし、本当にさまざまな仕事を経験しました。アートとはまったく関係ない世界にいましたがクリエイティブでしたね。

＊

坂本さんがＩＴ業界をクリエイティブと評したのは「言い得て妙」だと思います。ちょうど日本ではバブル崩壊の時期、「失われた20年」の真っ最中でしたが、外資系企業がどんどん業績を上げていくその中のど真ん中にいたわけです。

21世紀になって20年をすぎた現在、ＩＴ業界はアート＆サイエンスを標榜しています。複雑なプログラムが裏側で動く一方で、ＵＩ（ユーザーインターフェイス）やＵＸ（ユーザーエクスペリエンス）と呼ばれるデザインやアートの領域も同時に機能（ワーク）させなければいけません。今から30年くらい前に、彼はＩＴ業界においてアートを学んだスキルと学生時代に培ったプロデューススキルを融合させたのです。

しかしながら、アメリカ本社の経営陣が交代したのに伴い、本社の意向を受けて日本支社の経営体制もガラリと変わってしまいました。

入社10年目でのリストラ体験

——その後はEDSでどのように仕事をされていたのですか？

ちょうどＥＤＳに勤めて10年がたったときにアメリカ本社の経営陣が代わって、日本でもその波を受けて大きな組織体制の変更がありました。

外資系コンサルティング企業の出身者が大量にヘッドハントされ、会社の管理職になだれ込んで来たのです。その波を受けて、コンサルタント経験者が私の上司になりました。この人たちとは本当にウマが合わなかったんです。すべてを数字のみのロジックで判断するんですよ。これはもう辞めてもいいんじゃないかと思いましたね。

ただ、辞めようか辞めまいか少し悶々としているうちに、また上司が交代したんです。新しい上司とはとてもウマが合いました。

――良かったですね、どんな人だったのですか？

日本銀行の出身で、１９９８年に破綻した北海道拓殖銀行の役員もされていた方なんですが、苦労されているがゆえに情に厚く、とても良い方でした。やはり、苦労されている人は「人生のわびさび」がわかってらっしゃるなと。しかし、２０００年に私が所属していた部署自体が突然なくなることになりまして、外資系では当たり前のことなんですが、部署がなくなると、その部署にいた人も解雇される。つまりリストラされたのです。

しかし、退職金も出たのと、生まれて初めての失業保険をもらったので、しばらく悠々自適な生活を送りました。

ＥＤＳ時代は、それなりに業績も残していましたので、ヘッドハンターから数社のオファーがあったのですが、断り続けていまして……。そんな中、これは面白そうだと思う会社からのオファーがあったんです。そこは半導体のメーカーでした。

――これはまた、アートというか総合芸術からさらに離れていきますね。

半導体とはまったく関係ない新規事業を興したい意向があり、その事業責任者としてのオファーでした。新しもの好きと元来のお祭り野郎体質とが相まって、その会社に入ることに決めたのです。

ＥＤＳ時代にさまざまなセミナーグループに所属していましたので、そのつながりで新規事業のネタのようなものはたくさんありました。たとえば、モバイルソリューションの事例や、業務系とクリエイティブを融合した事例、加えてスポーツマーケティングの事例をＥＤＳ時代に経験していましたから。

２００１年の当時、ハードウェアとソフトウェアがネットワークを通して融合する時代がいずれ来ることはわかってました。また当時の私のポジションは社長直轄でしたので、やりたいことは何でもできましたし、海外視察も頻繁に行っていました。

――どんな新規事業を興したんですか？

テクノロジーとコンテンツを融合したアプリケーションの開発、そしてＩＴサービスを行う子会社の立ち上げに参加しました。今でいうところのチームラボみたいな会社ですね。その会社で上場も経験しました。

しかし、いろいろとありまして、その会社を退職することになったのです。その後はとあるゲーム会社に勤めたのですが、その会社にいたのは短い間でした。

起業と会社の展開

――それから現在に至るまでは？

紆余曲折がありましたが、以前に勤務していた半導体メーカーの元社員の人たちと会社を立ち上げまして、そのほかにも数社の経営をしています。スマートフォンアプリの開発、インターフェイスデザイン（ＵＩ／ＵＸデザイン）、ＴＶやラジオ番組のＷｅｂやシステムの開発、アニメキャラクターのゲーム開発、画像処理システムなどです。

プロジェクトごとに外部のメンバーをアサインしていくのですが、最近は30代の藝大卒業生たちと仕事をすることが多いですね。彼らは同じ釜の飯を食べた仲間というか、あうんの呼吸で仕事ができるので、彼らとの仕事はとてもスムーズですね。

――藝大の卒業生は仕事がしやすいのですね。

彼らはアーティストの思考とエンジニアリングの思考、その両方を併せ持っているんです。ロジックに寄りすぎると面白い発想は生まれません。これはＥＤＳにいたとき、外資系のコンサルティング会社から来た上司とウマが合わなかったことが良い例です。ロジックの積み上げも大切ですが、それだけだと過去の延長線になるだけです。アートの発想の良いところは「思考を飛ばす」ことにあります。始まりは個々の直観ですが、ベースはさまざまな経験や思考に基づいていますので、ロジカルにバックキャスト（逆算）できるんです。

——今までのご自身のキャリアを振り返ってみていかがでしょうか？

テキトーなんですけど、根は真面目です。藝大の2次試験に遅刻したり、アルバイトも遅刻が重なって結局クビになったりしましたが……。あとは、熱しやすく冷めやすいと言いますか、飽きっぽいですね。現在は会社経営の身なのですが、ほかのＩＴベンチャーの人たちのように、会社を大きくして上場してといったことはまったく考えていません。

私の周りにも、会社の上場益でとてつもない大金持ちになった人が何人かいますが、彼らが幸せかというと、とてもそうは見えないんです。現在の会社も規模の拡大を図るよりも、今までにない面白いことができて、そこそこ食うに困らなければ良しと思っています。

「キャリアの賞味期限」という考え方

まさに「人生のアーティスト」というべき坂本さんですが、ご自身を「テキトー」と評しています。それに加え、「好きなことにはとことんのめり込むが、飽きっぽい」とも自己分析しています。

「ひとつのことを真剣にできない人は何をやってもダメだ」と幼少期より親や学校の先生に、社会人になってからは上司に口酸っぱく言われた方も多いのではないでしょうか。

しかしながら、日々刻々と変化し、予測不可能な事態が非連続に起きる今の時代こそ、むしろ「飽きっぽさ」は大きな武器なのではないでしょうか。

坂本さんのキャリアは、アーティスト→環境デザイン会社→外資系ＩＴ企業→新規事業開発→起業、と波乱万丈ではありますが、常にステップアップを重ねています。また常にその時代の最先端の分野に身を置いています。

坂本さんからはよく「キャリアの賞味期限」という話を聞きます。食べ物に賞味期限があるように、自身のキャリアにも必ず賞味期限がある。坂本さんの場合、賞味期限と飽きてくるのがおおよそ同時期にやってくるらしいのです。

「飽きっぽさ」とは好奇心旺盛の裏返しです。

「テキトーさ」もまた大きな武器です。テキトーだからこそ、枠にとらわれずに環境の変化に合わせてさまざまなフィールドを越境し、新たな価値の創造ができるのです。

システムインテグレーションという概念さえない当時の日本で、この分野になんの躊躇もなく飛び込み、「なんとかなるだろうというテキトーさ」で当時の最先端のＩＴテクノロジーのスキルを自身にインストールし、仕事の中で実践を経験しました。

高校生のときになりたかったのは総合芸術プロデューサーでしたが、時を経て、今はＩＴ事業の経営者兼プロデューサーとしてご活躍されています。

ＩＴ業界そのものも、これまでのウォーターフォール型のシステム開発一辺倒から、アートやデザインを融合した新たな次元へと向かっています。まさにＵＩ／ＵＸデザインなどは最たるものといえます。

この章の冒頭で、藝大生の進路先について記しました。実は大手コンサルティング企業やシステムインテグレーション企業は、東京藝大卒の人材を欲しています。ただ、現実的には企業が欲してもなかなか就職希望の学生自体がいないというのが実際です。

建築科に学び、会社員や起業を経て熟成した非連続キャリア
——丸尾経営教育研究室代表・丸尾聰《あきら》さん

・大学院美術研究科建築専攻修了。丸尾経営教育研究室代表、事業構想大学院大学教授、慶應義塾大学ビジネス・スクール講師

丸尾さんは、企業研修会社を主宰する一方で、2つの社会人大学院で新規事業責任者の育成にもあたっています。

東京藝大美術学部の建築科は他の学科と違い、アーティストを目指す人はほぼいません。なぜなら、学科のミッションが「建築家の養成」にあるからです。建築こそアートとロジックが統合された産物であることに異論を唱える人は少ないでしょう。現在、社会人大学院でも教鞭を執られている丸尾さんは、さまざまなキャリアチェンジを経て、現在は新規事業開発のエキスパートとして、未来の起業家を育てる立場にある方です。

学部は理系の大学の建築学科で、その後2年間を東京藝大の大学院で学びました。

学部生時代に海外の著名な（建築）構造エンジニアの建築を、デザイン面から評論する論

文を読み、大きな感銘を受け、大学院では構造デザインを学びたいと思い入学した、といいます。

所属した研究室は、建築に加えて、環境デザインと文化財保護についても学ぶとてもユニークな場でした。「環境デザイン」というと範囲が広いですが、研究室では子供の遊び場や遊具のデザインが対象だったそうです。また、新設された文化財保存学教室（寺社仏閣や町家の実測調査や復元工事などを実施）を指導教授が兼担していたこともあり、建築・環境デザイン・文化財保護という3つの領域から学ぶ研究室であったのです。

具体的にどういう学びをしたのかをお聞きしたところ、最初のワークはなんと「取り壊し反対運動」だったそうなのです。

大学院に入学直後に参加させられた「取り壊し反対運動」からの学び

——東京藝大の大学院に入って、どんなことをされていたのですか？

入学して最初に行ったワークは、東京藝大の音楽学部のキャンパス内に建っていた奏楽堂（旧東京音楽学校奏楽堂）の取り壊し反対運動でした。すでに、取り壊したあとに、愛知県犬山市にある博物館明治村への移築が決定されていたのですが、それを撤回させ、大学に残すためのものでした。当初「移築して残るんだし、博物館のほうが綺麗に保存できる」と考えていた私は、「取り壊し反対運動をするために藝大に入ったのではない」と指導教授に猛反発しました。

　しかし、指導教授が研究室に日本の音楽界の当時の重鎮（黛敏郎氏・芥川也寸志氏など）を連れてきて、彼らに熱く語り、説得し、仲間に巻き込む姿を見て胸打たれるものがありました。その後、指導教授は、東京駅の保存に対しても「丸の内の大家さん」と呼ばれる大企業を相手に動じずに訴え続け、最後は味方にしてしまいました。結局、半年間ほど座り込みに連座したのですが、この活動を通して、「使わないものを保存しても真の保存にはならない」ことや、「建築単体で保存しても価値は低く、地域や歴史の文脈とともに保存することで価値が高まる」ということを学びました。

――「取り壊し反対運動」という名のフィールドワークを体現されたわけですね（笑）

　今思うと、ひとつのコンセプチュアルな「デザイン・プロジェクト」でした。非常に抽象度の高い考え方ですが、保存を「建物そのもののハードの静態的な保存」で捉えるのでなく、「建築の使われ方や、建築と環境との関わり方、というソフトの動態的な保存」として再定義するというコンセプトを提案していたんです。活動や議論は指導教授が先導しつつも、コンセプトは、保存・再生・活用に賛同、共感した人たちが、何十回も議論を重ね、その中で醸成されていきました。

議論と並行して、現場の人たちとの裃《かみしも》を脱いで行う対話は、実に泥臭いものでした。時に、現役の藝大生が罵声を浴びることもあるわけです。デザイナーの表面的な華やかな活動しか見ていなかった私にとっては、大きなカルチャーショックでした。しかし、20代で、こんな活動と出合ったことは、その後の私の仕事にも影響を及ぼしていると思います。

*

「取り壊し反対運動」は、結果として、２つの大きな学びをもたらす授業であったのです。「文化財保護」の視点からは、街中に残すことで文化遺産の再評価につながり、「環境デザイン」の視点からは、（街に残すことで）新たな使用用途を考えるきっかけとなりました。つまり、これは〝コトのデザイン〟の実践です。今でこそ〝コトのデザイン〟はさまざまな場面で行われていますが、30年以上も前に、取り壊し反対運動を、デザインプロジェクトとして認識していたことは特筆すべきことでしょう。

東京藝大の建築科には、理系の大学にはない印象深い授業もあったそうです。

五感で感じる〝実測〟という授業

——特徴的な授業はありましたか？

東京藝大の建築科には、ほかの美術系大学にもない、〝実測〟という授業がありました。

この授業では、実際にある建物をメジャーで測って図面をつくるのです。わかりやすくいえば、設計やデザインとは逆の行為です。昔の音楽バンドはレコードコピー（耳コピ）と称して、聴きながら、楽譜に写していく作業をよくしていましたが、その建築版です。実際の建物そのものを実寸で測って、それを図面に起こしていくのです。

理系も美術系も、多くの大学の建築学科では、建築の理論や知識を蓄積して、それを設計の授業の中で統合する、という教育スタイルです。一方で東京藝大は「はじめに現物ありき」なんです。現物を学生に「ありのまま」を「（頭でなく）身体で認識させる」ために、〝実測〟をさせるのです。現物は三次元で、図面は二次元。図面を即読めるまでに至っていない学生ですから、二次元に変換することに悩みます。ただ、「悩むこと」によって、いつの間にか自分の五感を通じて、建物を立体的に認識し始める瞬間があるのです。この経験は私にとって衝撃的でした。

また、研究室の掃除をしていなかったときに、指導教員にえらく怒鳴られたことがありました。「掃除の下手な奴は設計をするな！」と。

四角い部屋を丸く掃除する人（要は、部屋の隅にあるゴミをきちんと掃除しない人）は、なぜ部屋が四角であるのかを突き詰めて考え抜いていない。つまり、空間自体を知覚できていないし、「意味」も考えていない、ということなのです。

建築デザインは論理と時間の設計が重要

——ほかにも印象的な教えはありましたか？

「直感的にデザインをするな、論理的に説明できるまでデザインを突き詰めろ」です。これは今の仕事にも通じていることです。

たとえば、設計の課題で、天井高5メートルの正方形の間取りの図面を書いたとき、『なぜ「正方形」なのか？　3メートルの理由は？』と問われました。言語で説明できないと、即やり直しを命ぜられました。

——つまり「感覚と論理は常に一体」であるということを叩き込まれたのですね。

「空間の設計だけではなく、時間の設計もしろ！」ともよく言われました。たとえば、「お前、これ、昼間の状態のデザインしか考えていないだろう？　夜になったら、家のどこの照明がどこを照らして、どんな空間になるか、考えたか？　昼夜の状態、双方を考えて、どこに照明を配置したら良いかを考えろ」とか「10年後、子供が社会人になったとき、この部屋はどのように変更したら良いのかまで考えたか」といったツッコミを受けるのです。

——時間軸で設計を考えるというのは、「作り手の視点から作るな、使い手から学べ」ということと通じるものがあります。これは最近の人間中心設計（HCD：ヒューマン・センタード・デザイン）に近いですね。

これらのことは、建築を生き物のように自走できるようにする。建築家は初期値を設定するだけで、あとは何もできない。とどのつまり、建築というのは、「住み手や使い手の機能や生活文化の拡張可能性をいかに想像できるか」ということなんです。

——拡張の可能性ですか。建築でいうところの〝意匠・デザイン〟の分野は奇をてらうとい

うか、「作家の個性をいかに出すか？」ということだと思っていたのですが、そうではないのですね。

そうではないと思います。奏楽堂の保存運動に深く関わったことも大きいと思いますが、加えて、文化財保存学の学生との議論にも大きな気づきがたくさんありました。

当時、イタリアに留学していた学生から聞いた話なのですが、イタリアの建築系の大学では、保存建築の学部と新築の設計の学部は分かれている。保存建築の学部では、時代考証や当時使われていた材料に関しての知見が重要視され、その保存技法を含めて徹底的に学ぶので、新築の設計など学ぶ時間がないそうです。

自らの名前を後世に残すような作品を作ることだけでなく、過去の建築家の作品を後世に伝えることも、建築家の仕事だと学びました。

*

まさに建築物を生き物として捉え、それをどうやって存命させるのか？　建築物を「生き物」として捉える視点はとても興味深いところです。

そのほかにも、さまざまな気づきがあったそうですが、丸尾さんは、最も大きな気づきは、自身が「デザイナー」には向いていないことだったと話します。

中でも「上には上がいる」というのを見せつけられたことが大きかったといいます。作品で飛び抜けた才能を持った人、パトロンを次々に見つけてきて自分のやりたことを実現する才能を持った人などを目の当たりにして、「これはとてもクリエイションの世界では生きていけない」と感じたそうです。

そして就職を決意し、ゼネコン2社から内定をもらったものの、東京藝大で学んだ〝コトのデザイン〟ではなく、狭義の〝モノのみのデザイン〟にすっぽりはまってしまうと感じ、内定を辞退して自ら留年を選択しました。留年した以上は目の前の修士論文と作品制作の両方にじっくりと向き合おうと決意し、研究では、「近世の町家の空間秩序」に関する論文を仕上げ、作品は、町家にしつらえている障子の和紙に藍染を施した「曼荼羅」を制作したとのこと。

前者の研究論文に対しては、某大手ゼネコンの研究助成金を受けることができ、その後の研究室の看板テーマとして後輩が継承をしてくれました。

作品制作と並行して研究論文を書きながら、「自分は作品制作よりも研究に向いている」ということに気づいたといいます。就職活動で多業種を歩きながらも、どこかで「研究を仕事にできる企業」を探していたのでしょう。「自分のしたい仕事はコンサルティングやシンクタンクにある」と結論づけ、卒業後は経営コンサルティング企業で働くこととなります。

建築こそ、アート（芸術）とロジック（論理）の融合

この章の冒頭で軽く触れましたが、大学の学部・学科の中でも、建築学科は理工系の大学と美術系の大学の双方にあります。

理工系大学と美術系大学の建築学部は実際に何がどう違うのか、何人かの卒業生にヒアリングしました。大きな違いは、理工系の大学は「技術を身につけること」に重きが置かれ、机上での理論を学ぶことに多くの時間が割かれます。一方で美術大学では「意味や意義を考えること」に重きが置かれ、手を動かして制作することに時間が割かれます。実際に東京藝大の建築科では、実物の椅子を設計し、製作します。

建築家には、意匠（デザイン）系と構造系がいます。意匠系の建築家が基本設計をし、図面を引き、構造系の建築家がその図面を構築物として安全に作り、建ち続けられるのかの設計や計算をします。大型の建築物では、デザイン系と構造系の建築家がペアとなり、施工

の現場監督もします。

丸尾さんは、建築の意匠的な面と技術的な面が分離されていることに疑問を抱き、両者を融合しなければならないと思い、東京藝大の大学院に進学しました。建築の中における芸術性の中でも、次の3つが大きかったのではないかと話します。

1つ目は〝実測〟――目の前にある、実際の建築物を測って図面に起こすこと。

自らの身体を使って建築物を感じ、感じたことを図面に落としていく。これはまさに理論と実践、頭と身体の双方をコネクトすることによって、生き物として建築物を捉えることにほかなりません。

2つ目は〝環境デザイン〟――モノのデザインではなくコトのデザインです。

ここ数年、デザインという言葉がさまざまな場面で使われるようになっています。たとえば、ソーシャルデザイン、コミュニケーションデザイン、サービスデザインなどです。これらはすべてモノのデザインではなく、コトのデザインを表しています。数十年以上も前に現在の潮流である、モノからコト、つまり、人と物が存在する意味や意義を考える環境に自らを置いたことで、一歩先の未来からの実測をされていたのではないでしょうか？

3つ目は、直感的にではなく論理的に説明できるようにデザインを考え、突き詰める。こちらは直観もロジックも両方必要だということを説いています。直感を人に伝え、理解させるためには、論理的にバックキャストすることが必要です。「単に直感を否定してすべて論理で賄うことではない」という意味も含んでいることに留意すべきでしょう。

つまり、建築をロジカルな観点と芸術的な視点の双方から学んだことは、直感と論理の双方のエンジンを学び舎で駆使されたということにほかなりません。

そして丸尾さんは、都市研究のセクションがある経営コンサルティング会社に入社しました。就職前に提案した丸尾さんの案もクライアントに採用されたそうなのですが、この採用されたことが火種となって、入社後に配置転換となってしまいます。

経営コンサルティング会社での3つの気づき

——就職前の仕事は、どんな部署のどんな仕事だったのでしょうか？

都市研究のセクションで、商店街の活性化の仕事でした。上司は、現状の売上状況の分析や将来の商圏予測をしたあとに、「色や形の力でクライアントをアッと言わせたい」と言ってきたのです。分析や予測の結果とのつながりも見えないし、上司のデザインに対する認識の低さを指摘し、上司を怒らせることになったのです。「デザインしないことも、立派なデザイン行為です」とのひと言が。

――そりゃそうですよね、入社前のデザインの学生からデザインすることを拒否されるのですから、面倒くさい新入社員でしょう。

上司からは、「お前のアイデアで１つ案を作れ」と言われました。そこで、商店街のハードはまったくそのままにして、各店の看板の横に同じ形・大きさのパネルをつけて、そのパネルにはその店の店主の似顔絵を貼る、という案を出しました。その案に対しても上司は怒って、結局、知人のデザイナーに仕上げてもらったそうで、私の案を含めて２つの案を提出しました。

結果としては、上司の案は他社の案と類似していて差別化がなく、コストも最小限に抑えた私の案が採用されたのです。それ以来、上司は私と口をきいてくれず、入社後すぐに配置転換となってしまったのです。

*

入社早々に配置転換の命を受け、仕事に対するモチベーションが下がってしまうと思いきや、丸尾さんは大きく3つのことに気づきました。

①上司を怒らせてもクビにはならないということ
②クビにならないのだから、果敢に挑戦したほうが仕事は面白いということ
③挑戦にはリスクが伴うが、だからと言って何もしないと給料はもらえないということ

3つ目に関しては、入社した会社の給料は歩合制の比率が高く、何らかの仕事（プロジェクト）に関わっていないと極端に給料が下がってしまう仕組みであったためです。

この気づきの源泉は、「アーティストたちと比べれば保証されている」という考えです。これは、一般の大学から芸術系大学の大学院に進んで学んだ3年間で、アーティストたちを目の当たりにしたからこその考えともいえます。

「捨てる神あれば、拾う神あり」で、その後、他のプロジェクトにアサインされ、社外の競合とのコンペを勝ち抜いて、仕事の波にも乗ってきました。しかしながら、心の底では仕事の実感を感じ得ていなかったといいます。

新たな事業分野を立ち上げて起業に至る
——仕事の実感がない？

そうなんです。そこに「仕事は自分で作り出さなければいけない」という自分なりの信条が芽生えまして、担当しているプロジェクトの隙間の時間を使って飛び込み営業をしたのです。それ以来、飛び込み営業がクセになりまして、今でもたまにしています（笑）

場数を踏むと、「企業の決裁者に会わなければ意味ないな」とわかってきます。やっとのことで経営者にお会いするのですが、いかんせん、経営コンサルティングの会社にいながら、財務諸表も読めませんでしたので「財務諸表も読めないのに、よくコンサル会社にいられるな！」と言われてお払い箱になるわけです。

そんな中で、とある大手企業の社長から「君はいったい、大学で何を勉強してきたんだね？」と質問され、東京藝大で建築デザインを勉強してきたことを話したところ、その方がアート好きなことが功を成して、社長の「お友達」になったのです。

それからこの社長と美術館に行ったりと、しばしば会うようになりました。経営者は孤独であるということを、ここで知りました。

ある日、この経営者から、「企業のコーポレートコンセプトを再構築し、それをビジュアライズ化してロゴを作りたい」との相談がありました。

今でこそ「ブランディング」と呼ばれていますが、１９８０年代末はＣＩ（コーポレートアイデンティティ）と呼ばれていて、この仕事を専門に扱っている会社は日本では皆無。広告代理店が外資系の専門会社を担いでいろいろと提案をしていました。

*

外資系の会社がロジカルに企業分析をして提案をするのに対して、丸尾さんは企業理念の確認・見直しから始まるエモーショナルで哲学的なアプローチを提案しました。

これが経営者の心に響いて受注となり、この企業の受注を皮切りに、口コミでの紹介で受注が数珠つなぎのように連なったといいます。自身でも当時は正直「こんなことが商売になるんだ？」と思いながらも、一気に売上を伸ばし、当時勤務していた会社のトップの支援もあって、（今でいうところの）ブランディング会社を起業したのです。

このお話を聞いた際に、「たまたま、が重なって」とご本人は話されていましたが、この（今でいうところの）ブランディングこそ、学生時代の取り壊し反対運動で経験した、モノのデザインからコトのデザインへの延長線上にあるのではないでしょうか。

当時の日本ではまれだったこのブランディング会社は、順調に成長していきますが、ご本人曰く労務管理に難があり、2年で会社を畳むことになってしまいました。

会社の事業は出資者である前職のトップが丸ごと引き受けてくれることになり、「その中で一プレーヤーとして今までどおりに仕事をやり続けては？」という提案があったそうなのですが、会社を去ることを決断しました。そして、しばし充電期間に入ります。

シンクタンクの立ち上げメンバーの一員に

——充電期間のあとは、どんなことをされたのですか？

以前の取引先の方の縁で、シンクタンクの立ち上げメンバーとなりました。

最初に手がけた仕事は環境問題の解決です。当時は産業廃棄物による土壌汚染が大きな社会問題となっていました。この社会問題を、業界の枠を超えて、各々の企業が持っている技術を統合して解決したいと思っていました。

私の立場は、さまざまな事業会社からの出向者で構成されている、たとえていうなら長崎の出島のような部署の一員でした。来る日も来る日も侃侃諤諤と意見を戦わせていると、業界の壁がどんどんなくなってきます。そして散らばっていたパズルのピースがどんどんとつながってきます。それを私が整理してアレンジすると、未来への地図に発展し、グランドデザインができ上がってきます。その結果、新たなソリューションが生まれて、事業がデザインされていくのです。

＊

この活動は、まさにオープンイノベーションのはしりといえます。今でこそさまざまな企業が本社とは距離を置いたところに出島をつくり、そこでしがらみに囚われずに好きなことを言って、好きなことをしてみる試みを後押ししています。異業種の人たち同士が試行錯誤を繰り返し、イノベーションを生み出そうという主旨のプロジェクトや〝場〟がいろいろなところで見受けられます。

このオープンイノベーションの場でのキーマンは、散らばったピースを統合してカタチにしていく人です。今ではこの役どころの人を「デザイナー」と呼びます。

リサイクル産業を創出する

――丸尾さんのこの仕事の根底には「デザイン魂」が宿っていますね。

私は東京藝大で、常に「住まう人の気持ちに寄り添うように」と教えられてきました。つまりユーザー目線でいつも物事を見ています。ここが、私がアサインされた理由なのではないかと思います。

――丸尾さんたちは、産業廃棄物による土壌汚染問題の解決という課題から始まり、新たな「リサイクル」という産業を創出したわけですね？

以前は、産業廃棄物処事業は社会の役に立つし、なくてはならない事業だったのですが、真面目にやればやるほど、利益がどんどんなくなっていく、「誰もがやりたくない産業」だったんです。

高い志を持って、真面目に事業をする法人にプラントを販売すると、その法人がつぶれてしまう。その一方で、多くの産廃業者が不法投棄の温床になっており、大きな社会問題になっていました。

この問題を解決するために、リサイクルという理念を浸透させ、これを運用するための仕組み作りをしました。つまり、産廃事業がきちんと事業として世の中に成立するために、事業の設計とマーケットデザインをしたのです。

具体的には、産廃物処理コストを生産者・ユーザー・行政の三方が負担をするように国に働きかけ、それと並行して、先ほどお話ししたように異業種の人たちが「越境」して集結し、これまでにないプラント開発などの技術的な研究開発も行いました。

——ソリューションのためのインフラ作りから関係各所を束ねて、上流から下流に至るまでのエコシステムを作り上げたということですか。

まさにそうですね。このような社会システムを作るためには、メーカー１社の技術だけでは到底できないですし、行政だけでもできないですよね。技術と志《こころざし》を統合（インテグレーション）させるハブ機能こそが、シンクタンクの使命（ミッション）というのが当時の社長の想いでした。

*

ソーシャル・ビジネスを定義・提唱したのは、２００６年度ノーベル平和賞受賞であり、１９８３年に農村部の貧しい人々の自立を支援するグラミン銀行を設立したムハマド・ユヌス博士です。

彼の著作『貧困のない世界を創る——ソーシャル・ビジネスと新しい資本主義』の中で、経営目的とは、「利潤の最大化ではなく、人々や社会を脅かす貧困、教育、健康、情報アクセス、環境といった問題を解決すること」と述べています。1990年代、「ソーシャル・ビジネス」という言葉さえなかった時代に丸尾さんがこの事業を手がけられたことは、特筆すべきことでしょう。

さて、デザインの分野にスペキュラティブデザイン（speculative design）という考え方があります。社会の抱える課題を提起し、テクノロジー（技術）やエンジニアリングを駆使し、具体的な解決策をプロダクトやサービスによって表現するものです。

スペキュラティブデザインによってアウトプットされるものは、具体的な作品の場合もあれば、課題解決策（ソリューション）もあります。

丸尾さんは、東京藝大在学中に、デザインの仕事よりも研究分野の仕事を志してコンサルティング業界に進みましたが、デザインマインドを持ち、散らばったピースを統合して新たな価値を作り上げたのです。

そして、ご自身は次のキャリアへと向かいます。コンサルティング部門でクライアントの新規事業の創発を手がけます。

のべ500社の新規事業創発に関わったユニークな手法とは？

——新規事業の創発は、現在もさまざまな会社が取り組んでいますね？

当時のコンサルティング会社の手法は、オペレーションリサーチや管理工学など、理系の人たちが考えた、システム論に基づく極めてロジカルなものが多かったのです。しかし、東京藝大で学んだことや、技術研究部で取り組んできた発想からすると、「ロジックだけで解決できることなどない」と思っていました。

多くのコンサルティング会社が、クライアントの新規事業コンサルティングの場で当時使っていた手法に「バックキャスティング」というものがあります。5年後の未来を予測し、新規事業を考えるにあたって、さまざまなデータを揃え、そして何度も議論を重ね、ゴールを定めるのです。そのゴールに向かって逆算して考えていくものです。

ただ、私たちが提案したのは、まったく逆の手法なのです。

——逆の手法とは？

「まず未来の理想を描いて、それから現在を考える」のではなく、「現在の現実、現物を観察し、そこから未来へ仕掛けよう」です。

「トリガー・コンサルティング」という言い方をしているのですが、将来なんて予測できるものではないので、まずは、目の前の現実と対峙し、現物を手触り感を持って観察する。その中で、未来にも残っているコトや、未来にはなくなっているコトを、想像し、現在、現地、現物の中で、「ポテンシャルが眠っているコトのキッカケ」のみを規定する。それ以上は、企業の社員や地元の住民に任せて、口を挟まない。ある意味「行き当たりばったり」でいこう、と現地の人に任せる手法です。進むうちに、次の状況が現れて、予測がだんだんできるようになる。「指示命令は古い」「人は管理などできない」「すべてはきっかけから始まる」と。

――「トリガー・コンサルティング」はどこで思いついたんですか？

環境問題の研究部署にいた頃に、１９７７年にノーベル科学賞を受賞したイリヤ・プリゴジンという化学者を監修者に迎え、自然科学の「新たな知の潮流」を社会科学に援用しようとして、交通渋滞の解消や、企業合併でのスムーズな融合などに活用しました。当時の上司は、この理論をベースに、ほかのコンサルティングファームには真似のできないコンサルティングモデルを部下の我々に提唱し続けたのです。

さまざまな課題を一つひとつ潰すのでなく、課題群を生命体のように捉え、関係性のネットワークに着目し、「関係」や「動き」を観察する中から、すべてが動き出す「押しボタン」を見出し、それだけを設計する。それ以外は、放置し、現場に委ねる。設計した姿が批判されることもあるが、その批判もネットワークが良い方向に進むきっかけにもなる。無論、設計したものに、共感したりし、主体者も自己組織化して醸成される。

「押しボタン」がトリガーになるように設計する。即ち、仕掛けしかしないコンサルティングです。でも、「仕掛け」しかしない我々のことを、競合他社は「答えを出さないコンサル」と批判していました。

――生命科学の理論を活かした「答えを出さないコンサル」ですか。実際のクライアントの新規事業創発にはどう活かしていったのでしょうか？

ひと言でいうなら、請負型ではなく伴走型、あるいは見守り型です。

つまり、クライアントが自走できることを目標にします。それぞれの企業には課題がありますが、１つの課題に特定しないで、さまざまな課題の関係や構造を見ながら、「解決すべき課題」と「放置すべき課題」をクライアントが気づくように、クライアントの社内で起こっているさまざまな事象を引き出していくのです。そのためには、「見たいものを見て決めつけている課題認識」を一度壊す必要があります。それを壊し、素の自分の目で物事を見る眼を養うために、コンサルティング会社の若手社員にデッサンの研修を受けてもらいました。

――コンサルティング会社の研修がデッサン⁉

モチーフは、りんごでも灰皿でもなんでもいいのですが、ひたすら絵を描かせるのです。たとえば、灰皿を描かせると、皆さんは「言語野」、つまり脳の言語を司る部分ばかりを働かせるので、想像上の灰皿を描いてしまいます。具体的には灰皿はタバコの灰を受けるもの、タバコの熱に耐えうるもの、タバコの太さを受けるくぼみがついているもの、等々です。そして、数分で飽きてしまい、目の前の灰皿とは似ても似つかないモノが描き上がるわけです。

それが、じっくりと観察するようにアドバイスをすると、どんどんと手が動いていきます。つまり、絵を描くことによって観察力がぐんぐんと上がっていくのです。そうすることによって、今まで見えていなかったことが見えるようになってきます。結果として、「この部分をこうしたら、もっと使い勝手の良い灰皿になる」といったふうに、どんどんとアイデアが湧き上がってくるのです。

——私の講座、アート・アンド・ロジックに通じますね。今まで受講された皆さんに感想をお聞きすると「私は今まで物事をきちんと観ていなかった。観察の重要性をあらためて知った」と皆さんがおっしゃいます。

今の時代、手描きをすることなんて滅多にしないじゃないですか。絵を描くということで、ものを見るのと同時に考えるようになります。そうすると、感性をつかさどる右脳と論理をつかさどる左脳の両方がドライブし、自身の内にある直感が研ぎ澄まされて表出してきます。そうすると、クライアントの皆さんがどんどんと自走し始めるのです。

自走の結果として、本体とは切り離し、子会社化して分社・独立をされた企業もありました。

＊

答えを出すのはコンサルティング会社ではなくクライアント自身。答えを自身で出せるための道筋を作るのが丸尾さんの仕事だったわけです。

「トリガー・コンサルティング」における観察や直感から始める思考は、まさに芸術家が作品を作っていく思考プロセスに大きく通じます。

私は岡本太郎の言葉を思い出しました。

「すべての物事は衝動から始まる。ただし正しい衝動は計算があとから追いかけてくれる」『太陽の塔』などがまさにそうです。太陽の塔は、デザインと構造の融合による建築物そのものです。

「広義のデザイン」の実践・先駆者として

10年ほど前は、デザインという言葉から連想されるものとして、グラフィックデザインやファッションデザイン、プロダクトデザイン、建築デザインなどの「目に見えるアウトプット」のみがイメージされていました。

ところが現在では、さまざまな分野にデザインという言葉が使われています。

たとえば、サービスデザイン、ユーザーエクスペリエンスデザイン、先に述べたスペキュラティブデザインなど、目に見えない「考え方」や「プロセスそのもの」、あるいはそれが持つ「意味」などにも、「デザイン」が接続・運用されています。

前者を狭義のデザイン、後者を広義のデザインと定義すると、丸尾さんは、大学で狭義のデザイン（モノのデザイン）も広義のデザイン（コトのデザイン）も学びました。

デザインの基本は観察から始まります。

もののカタチや人の動きをじっくりと観察することで、今までは見えてなかった、もしくは見ようとしていなかった部位や事象が見え始めます。つまり〝見る〟から〝観る〟に変わることによって、多角的に物事を捉えられるようになり、新たな視点を手に入れることができます。それが思考・熟慮につながり、実践に昇華させることができるのです（こちらはクライアントにデッサンをしてもらったときに、顕著に表れます）。

これらを丸尾さんは社会人になってからも常に意識し、実行し続けたのです。それが、環境問題の解決に、そして新規事業創発につながっていったといえます。

これからデザインの役割は広がり、「意味」はますます重要になってくることでしょう。

前述のように、建築に限らずデザインは、アート・デザイン（感性）とエンジニアリング（ロジック）の融合によるものです。丸尾さんは、観察力を基礎に、感性とロジック双方をバランスよく運用されていました。この双方を常に磨いていくことは、私たちにとっても「未来に通じるスキル」と言えるでしょう。

丸尾さんのシンクタンクでの最後のキャリアは人事部で、社内の制度改革に取り組んだといいます。その後、ご家族の事情で離職することとなりますが、会社との関係は続き、社長の命を受けてクリエイティブな人材を育てるための研修や新規事業創発のためのプログラムを実施しました。現在は、さまざまな企業で研修を実施する一方、事業構想大学院大学と慶應義塾大学ビジネス・スクールにて教鞭を執られています。

非連続キャリアの原動力となる力とは

丸尾さんは自らを「藝大卒業生の中でも、珍しいキャリアではないか」とおっしゃっていました。

美大を卒業された方々は、アーティストの道を選ぶか、学んだスキルを活かして、クリエイティブ専門職で企業に就職する人がほとんどです。一般大学卒業の人々から見たら、自身が学んだことが活かせて、異動のない特別職で働けることなど羨ましい限りです。加えて、転職が当たり前になっている現在において、武器としての明確なスキルを持っていることも大きなアドバンテージといえるでしょう。

まったくの異業種であるコンサルティング業界に自ら飛び込んだ勇気は尊敬に値します。そしてその後のキャリアチェンジは波乱万丈です。

- **経営コンサルティング会社**
- **当時の日本では数少ないブランド・コンサルタントの会社を起業**
- **大手シンクタンクの立ち上げと、環境ビジネスの創出**
- **新規事業開発コンサルティング**
- **人事制度の開発・運用**
- **大学教授**

この非連続キャリアの原動力となるコアな力とは、①実践し、やり切る力、②さまざまな視点から物事を観る力、そして、③絶妙なバランスで論理と感性を融合させる力です。

この3つの力は、丸尾さんはもちろん、今回お話を聞いた方々に共通するものです。

①実践し、やり切る力

実践し、やり切る力のルーツは、作品作りにあります。東京藝大では、課題を提出したあとに「講評会」というものがあります。先にも少し触れたとおり、教授と学生が一堂に会し、それぞれの学生が作った作品に対してプレゼンテーションを行い、教授はもとより、学生も講評します。講評会はいわば「自身の作品が晒《さら》される場」です。自身がその時点で持っている力を十分に発揮し得ないと強い逆風に煽られます。作品を制作し、かつ講評会で意思を伝える、「とことんまでやり切る力」がビジネスの場面でも発揮されているのです。

②さまざまな視点から物事を観る力

若かりし頃に、顧客である経営者から「財務諸表も読めないでよく経営コンサルなどしているな」と言われ続けた丸尾さんです。ある程度勉強をすれば、財務諸表を読み込むスキルは習得できます。しかし、数字の上に表れない意味や企業の意思を読み込むには、さまざまな視点から企業の状態や経営者の言動を観察し、読み解かないといけません。

丸尾さんへのインタビューの中で、「デッサンは描く力よりも観察力が重要である」という話が出てきました。デザインに限らず、すべては「観察」から始まります。観察力を上げ、現状を徹底的に観ること、今まで見えなかったことの発見を繰り返すことにより、新たな視点が育まれ、創造がなされるのです。

③絶妙なバランスで論理と感性を融合させる力

丸尾さんが立ち上げた会社の競合は、外資系のブランディング専門会社でした。ロジカルな企業分析のみを軸にデザイン提案をした会社に対して、丸尾さんは、企業理念というフィロソフィカル（哲学的）な軸で、企業が本来持つべき「意味」をクライアントに提示しました。東京藝大でデザインを学びながら、その背景や影響の及ぶ範囲を想定し、意味のデザインまで取り組んだこと、つまり、ロジックとアートの両方を学んだことによって、誰も成し得なかったアプローチで「企業そのもののデザイン」をされたのです。

近年、クリエイティブ人材や企業デザインの重要性がビジネス界で声高に提唱されていますが、その数十年も前に論理と感性を融合させ、企業デザインをされていたのです。

助手、アーティストを経て保険会社のトップ営業へ転身
——ソニー生命保険シニアライフプランナー・玄《げん》昌國《しょうこく》さん

・1987年美術学部彫刻科卒業、1989年大学院美術研究科彫刻専攻修了。ソニー生命保険株式会社 大阪ライフプランナーセンター第4支社 シニアライフプランナー

今までご登場いただいた方々は、職種の違いこそあれ、企画・開発職やアートの延長線上にあるお仕事でご活躍されています。玄さんは卒業後に助手を6年間務め上げ（非常勤助手3年＋常勤助手3年）、その後、ご自身のアトリエを構え、作品作りに没頭するアーティストとして活動します。

その後、とある転機が訪れて、それまでとは180度違う生命保険のライフプランナーに転身しました。現在はトップセールスマンのみが所属する団体・MDRT（生命保険業界のセールスマンの中で優秀な成績を納めた人の中でも世界のトップ1％のみが入会できる国際団体）の終身会員としても活躍されています。

苦学を経て藝大に入学し、助手を経て彫刻家となる

――まずは灘高校をご卒業されていることに驚いています。灘中・灘高といえば皆、東京大学を目指しているイメージなんですが、なぜ東京藝大を目指したんですか？

もともと父親が歴史研究を趣味にしていまして、京都・奈良が近かったものですから、幼い頃に毎週日曜になると父親に連れられて仏像を観に行ったのです。ほかの兄弟はすぐに飽きてしまったのですが、私だけ仏像や神社仏閣に魅せられたのが始まりです。宮大工になりたいなぁとも一時期は思い、建築家にも憧れたのですが、いろいろ調べると、建築家や宮大工はひとりではできない仕事です。「ひとりでもできるのは彫刻だ」と思ったのがそもそものきっかけです。もちろん幼少期の頃なので、なんとはなしに……でしたが。

――しかし、灘中に入られたということは、当時の神童ですよね。

いえいえ、私が小学生の頃は進学塾などない時代で、塾といってもそろばん塾や習字の塾しかありませんでした。たまたまほかの人よりも勉強ができたものですから、小学校の先生に「灘中を受験してみたら？」と言われたのです。父親も「ダメだったら公立に行けばいいじゃないか」と言っていましたので、軽い気持ちで受けたら合格したのです。そうし

て中学・高校の6年間を過ごしました。

——そんな、ご謙遜を。この本は藝大に関する本なのですが、もう少し中学・高校のときの話をお聞きしてもいいでしょうか？

東大を目指して勉強ばかりしているイメージが強い人も多いと思いますが、イメージと違って質実剛健な学校で、ユニークな人も多かったのです。同級生たちの中には、教科書の勉強をしているだけですんなりと東大に入ってしまうような地頭の良い人がいましたね。高校から入ってくる人たちは「目指せ東大！」的な人もいました。

周りの同級生は、結果的に官僚や医者、弁護士になった人たちも多いですが、中学生の頃から「官僚になって国家を支える」なんて思う人っているんですかね？ もちろん中には「国鉄総裁になる！」なんて変わった同級生もいましたが……。

——一部で変わった同級生もいたわけですが、普通の中学生とあまり変わらないというのは、なんだか安心しました（笑）

中学生の頃まではそれなりに勉強もして、まぁまぁの成績だったんですが、なんのために東大に行くんだろうなと思ったのです。家が商売をしていましたので、東大を出て家を継いで商売するのも甚だ疑問ですし、家が商売していると「将来はサラリーマンになろう」なんて考えないんですよね。

そんな家庭環境にありましたから、小さい頃になりたかった彫刻家を目指そうと思ったのです。さて、どうすればなれるのか、と考えたのですが、彫刻家に弟子入りするにも知り合いもいませんし、どうしたことやら……と思っていろいろと調べてみると美術大学があることを知り、国立大学で彫刻科のある学校があることを知ったのです。それが東京藝大でした。ちょうど高校1年生の頃でした。

――それでは、高校に上がってから美大に入るための受験勉強をしたのでしょうか？

いえ、高校3年生になってからですね。それまでどういう勉強をしたら藝大に入れるかがわかりませんでしたので、ひたすら美術館や好きな仏像を観て回ったりしていました。

親には反対されました。「美術の道に行くのであれば金は一銭も出さないので、すべて自分で賄え」と言われました。やはり家が商売をしていて、芸術とは明らかに違う道ですので反対をしたんでしょうね。

——高3で藝大を受験された結果は？

現役受験では見事に落ちました。なお、親の援助が一切受けられませんでしたので、私立の美大ははなから諦めていました。

しかし、不合格になってから2年間は美大受験の勉強は一切しませんでした。土木作業員をして予備校に通うお金をひたすら貯めたのです。そして東京に出て来て、美術予備校に通いました。何年かやると仕事の要領がわかってくるので、東京に来て以降も昼間はそうした土木作業のアルバイトをしながら夜は美大予備校の夜間部に通いました。

——そうした生活を2年間もされた上で藝大に入られたのですね。頭が下がります。

その後、大学院まで進学しまして、卒業後に藝大で助手を6年間しました。藝大には12年もいました。

——助手の頃から彫刻家としても作品を作られていたのでしょうか？

あるギャラリーとコレクターの方が、私のドローイング（描画）を買い上げてくれました。

とはいえ生活していけるほどではありませんでしたので、実質は助手の給料でなんとか生活ができていたのが現実です。助手を務めたあとに埼玉県の飯能というところにアトリエを構えて、彫刻家として独立しました。何人かで共同アトリエを構える人もいますが、私の場合はひとりで制作をしたかったので、個人でアトリエを構えました。

――定期的に個展もされていたのでしょうか

毎年、個展を開催していました。すでに結婚して子供もいたので、生活はそうめん3束と玉子1個の日々でしたが（笑）

ただ、今思うと牧歌的で幸せな日々でしたね。

＊

大学院を卒業後、玄さんは助手を6年されています。当然ながら、助手は誰でもなれるものではありません。以前、助手をしていた方からお聞きしたことがあるのですが、なんの前触れもなく、教授から打診があるそうです。助手に指名されるからには、学生時代の作品のクオリティはもとより、教授の手伝いや生徒の面倒も見なければいけませんので、バランス感覚も備えてなければなりません。

玄さんの穏やかな話しぶりには、人としての魅力を感じます。お金に執着せずに黙々と自己の表現に日々向き合っていけるのは、「ブレない軸」があるからこそです。

自身のアトリエで制作活動をしている頃、日本はバブルの真っ只中で、まさに拝金主義の時代でしたが、今、世の中の富に対する価値観はだんだんと変化していっています。これまで富とは「お金をたくさん持っていること」であったのですが、近年はマインドフルネスやウェルビーイングといった言葉に代表されるように「心の豊かさ」が注目され、富そのものの価値も徐々に変化しています。

２０１６年にこの世を去ったアメリカの未来学者アルビン・トフラーの最後の著作『富の未来』においても、「近未来のリッチピープルとは、自分の時間を自由に使える人」だと説いています。玄さんがおっしゃっていた、「幸せな日々」とは、まさにこのことであったのでしょう。

しかしながら、あることがきっかけで、作家活動にピリオドが打たれます。

未練なく彫刻家を辞め、ライフプランナーに転身

——しかし、なぜ、生命保険会社の営業（ライフプランナー）に転身されたのでしょうか？

ある日曜日か土曜日の朝に、大阪の母親から一本の電話がありました。父親が交通事故

で重体になり、集中治療室に入っているという知らせでした。私は長男ですし、その日の新幹線で実家に帰ったのです。母と姉は家の商売が日々ありましたので、私は家族を東京に残したまま、しばらく大阪の実家にいたのです。職業柄、私が時間を自由に使える身であったこともあり、父に寄り添っていたのですが、父の容態は日増しにどんどんと悪くなっていき、植物状態に近い状況になってしまったのです。

家の商売も少しは手伝うようになってきたところで、家の借金が18億円もあったことが判明しました。時はバブル崩壊直後。バブル時代に土地を担保に銀行からお金を貸し付けられていたのです。

――とてつもない借金があったのですね、

しかも銀行は、長男が帰ってきたというので、実家に足しげく来るわけです。私は当時、電卓さえほとんど叩いたこともなければ、ましてやパソコンなんて触ったこともありませんでした。

銀行の人が話していることも、最初はほとんどわからなかったのですが、そのうち「とんでもないことになっている」というのはどんどんわかってくるわけです。母も年を取っていましたので、長男である私が銀行との折衝もやらなければなりませんでした。いっそ、東京に帰ってしまおうとも思ったんですが、父親のことが頭をよぎり、家族とともに大阪に戻ることを決めました。そのときに、「彫刻家を辞める！」と決心をしたのです。

売れた作品は納めて、それ以外にアトリエにあった今までの作品は全部、処分して屑鉄屋に引き取ってもらいました。

――すべての作品をですか？

そう、すべてです。何も残しませんでした。せいせいしましたね。

――しかし、それから、どうやって、ソニー生命につながっていったのですか？

当時はなんとか稼がなければなりませんでしたので、溶接工場に働き口を求めにいったのです。履歴書を持っていったところ即、採用になったのですが、工業用の溶接などやっていたこともありませんから、すぐに首になるのです。小学校の同級生がスナックをやっていまして、むしゃくしゃして、よく飲みにいっていたのですね。

その店がたまたまソニー生命の社員の溜まり場だったのです。私は生命保険に入ってませんでしたので、今思うと私自身が営業ターゲットだったかもしれないのですが、いわゆる一般の保険屋のイメージではなく、私が喉から手が出るほど欲しい相続や事業承継に関する知識を惜しげもなく教えてくれました。飲みの席なので気軽に話せますし、弁護士・税理士に聞きにくいことも答えてくれるなど、親身になって相談に乗ってくれたのです。

――それで、ここで働きたいと思ったのですね。

しかし、当時のソニー生命の採用方法のメインは、ヘッドハンティングでした。他の業界で華々しく成果を挙げた人をスカウトするのです。私なんて人脈もなければコネもなく、ましてや芸術家であったわけですから、スカウトなんてされるはずもありません。ですので「逆選択社員」として仮採用になったのです。

――逆選択とは？

自ら志願して入社する人たちのことを、当時はこう呼んだのです。入ってからわかったのですが、自ら志願して入る「逆選択社員」は、ほとんどが売上を上げられずにすぐ辞めてしまうのです。当時の報酬制度では、入社してから3カ月間は固定給がもらえるので、給料を3カ月もらったら逃げてやろうと思いました。と同時に、契約をまとめて握手をしているイメージも、頭の中にはなんとはなしにあったのです。

というのも、自分自身も家の相続や借金のことなどで当事者として日々格闘していましたし、今でもお世話になっていて私の恩人でもある会計士の先生が、単なる会計士ではなく、親身になってコンサルティングをしていただける方でもありました。その先生から学んだ知識も活かせるのではと内心で思っていました。

トップセールスマンでありながら問題児

——しかし、人脈ゼロからのスタートだったのですよね？

当時の会社は、入るとすぐに１００人の見込み客名簿を書かされるのです。１００名をびっしりと書いてくる人もいれば、50人、60人で終わる人もいました。私には実は見込み客はたった2人しかいませんでした。残り98人はウソの名簿を書き上げました。

当時は個人情報保護法などない時代でしたので、美術家名鑑から写したのです。職業だけ医者や弁護士、大学教授に変えて。この美術家名鑑には大学の先生や美術収集家の個人情報が載っていました。当時の支社長から「すごい人たちの知り合いがいるのだね」と褒め

られたものです（笑）

——灘高の卒業生は、こう言ってはなんですが「宝の山」なのではないでしょうか？

私は過去には絶対に戻りたくないんですよ。過去を振り返るのは嫌いですし、そもそもまったくもって過去に対する興味がないのです。ですから灘高、そして藝大の卒業生には営業はしないと鼻から決めていました。

そうして3カ月がたって、結果として受注を取ることができました。そしてそれからどんどんと受注を増やすことができまして、1年後には全国で4位になり、おかげさまで新人賞もいただきました。

——それはすごいですね。ほかの同期の人たちは、他業種で優秀な成績を収めていたヘッドハンティング組。その人たちを押しのけての新人賞なのですよね。

もう〝やらなしゃーない〟状況にあったからでしょうね。人間は、全知全能をもってひとつのことをやり遂げれば、それが人の役に立てるのものなのです。それこそ私自身が、相続や事業継承など、顧客と同じ悩みを持っていましたので、言うなれば「顧客イコール自分」だったのです。そういう意味では顧客の気持ちに今でも寄り添っています。

――その意志を貫いたからこそ、世界のトップ1％の売上を上げた人のみが入れる会（MDRT）に16回も入ったのですね。

しかし、自分でいうのも気が引けますが、会社では問題児でしたね。

社内の教育マニュアルには真っ向から反対していましたし、また会社から「この商品を売るように」と言われても、お客さんのためにならないものは一切、販売しませんでした。マニュアル通りにやって、人と同じことをしていたら、（人としての）意味がないではありませんか？ 前職が彫刻家だったからかもしれませんが、自分のオリジナルを追求することに価値があるのです。

最も重要なのは、マニュアルに書いてあることではなく、「自分が信じていることをやる」ことです。やりがいというのは、自分の信じていることをやった結果として人の役に立つことだと思います。

*

筆者は以前、普通科と美術科のある高校の生徒たちと話す機会がありました。そこは県内で有数の進学校で、普通科の生徒たちの多くは地元の国公立大学を目指します。

その理由として多いのは「良い大学に入って安定した公務員になりたいから」だそうです。それに比べ、美術科の生徒たちは、安定志向とは真逆の道を目指して絵を描き続けていました。

良い大学に入って安定した将来を目指すことを、はなから否定するつもりは毛頭ありませんが、自分の可能性を信じて日々格闘している美術科の生徒たちは、とても輝いていました。大人の私がこう言ってしまうと身も蓋もないのですが、将来、たとえ美術で食べていけなくとも、この経験は必ずどこかで生きてくるのだろうと感じました。

アートそしてアーティストを語る際に必ず出てくる言葉、それは「才能」です。

この才能というものに対して、とても面白い解釈をされていましたのでここにご紹介させていただきます。

才能の定義

——藝大にいたときに、特に心に残るような教えはありましたか？

今でも覚えているのですが、才能に関して、とある先生から言われた印象深い言葉があります。

「やりたいことをできる環境に自分を置くことを才能という」という教えでした。

この言葉を現代アートの作家が言うのならばまだしも、具象彫刻を制作していた、一見すると古いタイプの先生がおっしゃったのです。この言葉を聞いたときに、この先生もご苦労をされてきたんだな、と感じました。

自分のやりたいことをする環境に自分を置くということは、相当な努力の結果だと思います。自分を曲げないから問題児扱いされるわけであって、そうすると常に自身の中で大きな葛藤があります。彫刻の世界で自分のやりたいことだけをやるのも大変ですが、それは芸術以外の世界でも同じことだと思うのです。

——努力と葛藤の結果として、自分のやりたいことができるのですね。

生命保険会社ですから、無論、営利会社なわけです。会社の方針で、たとえば「利益率の高いこの保険商品を売るように」と無言のモーメントが働きます。でも、お客さんのためと自分の真実のためを第一に考えると、会社の方針においそれとは従えない。結果として、周りから問題児扱いされるのです。

自分のやりたいことを通し続けるということは、それはそれで相当な努力も必要ですし、辛いわけです（笑）

仕事の純度を上げるということ

――自分の真実のためを第一に考えると、結果としてお客さまのためになる。なかなか真っ正面にいえる言葉ではないですね。

彫刻を含めたアートの世界では「成功」という言葉をあまり使いませんよね。その代わりに「名声」とか、「売れた」という言葉を使いますよね。

一方で、一般の会社組織やビジネスの世界では「成功」という言葉を使いますよね。たとえば会社から与えられた指標を達成したり、昇給・昇格したりしたときなどです。

しかしながら、「成功」したとしても、自分のやり方で到達しないと私は何の意味もないと思いますし、それ以外の方法でやっても決して「成功」とは思いません。

多くの人々はマニュアルを参照し、効率性を追求して、成果を上げることに躍起になるわけですが、これは単なる処世術にすぎないのです。こんなことばかりを言っているので問題児扱いされ続けてしまうのですが。

――アーティストは常に自分のオリジナリティを追求して作品作りを日々していますよね。今までのお話をお聞きしていまして、玄さんは人生のアーティストだと思います。

それはどうだか私にはわかりませんが、自分の「仕事の純度」を上げていくのが最も重要だし、それが本来の姿だと思うのです。アーティストにとって「作品の純度」を上げていくのは当然です。これが身に染みついていますので、何をやっても同様です。

――純度を上げる、ですか。

そうです。「顧客に寄り添う」「顧客第一主義」などは、どの企業でもよく言われますよね。ただ、本当に実践できている会社なんてあるのでしょうか？　顧客に阿《おもね》ったりすることではなく、自分の純度を上げていくことでしか、真の満足は与えられないと思うのです。「自己満足」と言ってしまえばそれまでですが、自分が満足せずに、他人を納得させることなんてできないと思います。逆に「自身の純度を追求しない仕事なんてあるのですか？」と私は問いたいです。

＊

「純度の追求」というのは、とても印象深い言葉です。自身の純度の追求のためには物事の見方、つまり見る力も重要なのではないでしょうか？

私は玄さんの後輩たちである藝大卒業生のアーティストたちを講師陣に迎え、ビジネスパーソンがデッサンを学ぶことで新たな知覚と気づきを手にいれる講座を主宰しています。文中でもたびたび触れてきたように、デッサンは、「上手く描く技術」というよりも「物事をじっくりと観察する技術」だと、彼らから何度となく聞いてきました。

実際に描く対象を観察する時間を増やせば増やすほど、絵はどんどん上達していきます。受講された方々の多くは今まで物事をまったく観ていなかったといいます。

この「見る／観る」ということについても聞いてみました。

見ようとしないと何も見えない
──アーティストたちの観察力は、目を見張るものがありますね。

それは絶対的にそうです。

日本語で暮らしていると、見ようとしないと見えてこない「みえる」という状態を表す言葉がないのですよ。「みる」を漢字で表すと、日本語では「見る」と「観る」の2つと、あとは「視る」ぐらいでしょうか？　それが英語だと「Watch・Look・See・Gaze・View・Stare・

Glance・Peer」などさまざまな表現の違いがありますよね。

——確かにおっしゃるとおりです。

「見ようとしないと見えない」ということがわかっていない人が多いですし、そもそもの「みえる」経験がないのだと思います。だから、座禅をしたり内観をしたりなどをしてきた経験の歴史があるのです。しかし、本質的に普段の生活の中にさまざまな「みる」という視点がありません。だから多くの人々は「みえている」だけなのです。

＊

見ようとしないと〝見えない〟。

文章にすると至極当たり前のことですが、画家のパウル・クレーは著書『造形思考』の中で、「アートとは見えないものを見るようにすることである」と話しています。

わたしたちは眼に見えるものの背後にある現実をあらわにし、
それによって眼に見える世界は
森羅万象のうちにほんのわずかな例外にすぎず、

> そのほかにも表面には出ない数多くの現実が存在するのだという信念を表現するのである。
>
> （パウル・クレー『造形思考』より）

自ら主体的に見ようとして見ても、目には見えないものが世の中には多く存在します。たとえばウイルス。私たちの目には見えませんが存在しています。この目に見えないものに多くの人々が恐れ慄き、世の中を混乱に陥れることが時としてあります。「見ようと思う」からこそ見えるものがある半面、逆も真なりといいますか、「見えないものの存在」が理解できるのです。

続いて、言語と非言語や、それを統合する思考についても語っていただきました。

重層的な思考と単層的な思考

——アーティストの思考についてもお伺いしたいのですが。

先ほど具象彫刻を制作していた先生の話をしましたが、抽象と具象の境目なんて誰もわかりませんよね？　抽象的な作品は「わかりにくい」で片付けられてしまいますが、では具象はわかっているのかというと、「手」とか「人体」とか、単なる記号がわかっているだけにすぎません。

英語に「みる」を表す言葉がいくつもあるように、言葉の成り立ちとか宗教観で変わってくるものがありますよね。そこは日本語で生活している私たちは注意していかなければなりません。言葉というのは無意識に思考を支配してしまいますから、言葉以外の非言語の世界もあるという視点を認識しなければならないのです。

――その点、というのもなんですが、アーティスト（作家）たちは非言語化された自身の作品を言語（言葉）で説明しますよね。常に「言語化された世界」と「非言語の世界」を往復していると思うのです。

思考が重層的であることは確かですね。おそらく人それぞれだと思いますが、非言語の世界が8割以上ではないでしょうか。ですので、いつも口では言えないもどかしさを感じます。言葉を主体に思考を重層的に表現するのが小説家ですよね。だから（芸術家と同じように）「作家」と呼ぶのでしょうね。

確かに芸術家も小説家も、われわれは「作家」と呼びます。名作といわれる小説がビジュアライズされ映画化されるのも、重層化された結果といえます。「思考の重層化」はとても大切だと思います。

＊

家庭教育の希薄化で思考が単層化してしまっている
――玄さんのそうした考えのルーツはどこにあったのでしょうか？

今、私がこのように考え、このように感じ、この場所にいるのも、すべて父親のおかげだと思っています。

灘中の受験の話を冒頭でしましたが、40年前の昔は進学塾なんてものはありませんでした。今は小学校2年生ぐらいから進学のために塾通いをしますよね。つまり親が家庭教育を放棄してしまい、それを代替するものがビジネスとして成り立っています。

昔は家庭が教育の中心だったのですが、今やものすごい勢いで家庭教育がどんどん希薄になってしまっている。その結果、親子のコミュニケーションが少なくなり、思考の単層化を招いてしまったと私は思うのです。

今、私自身はお話ししながら分析していたのですが、「喋りながら考えること」ができなくなっている人がとても多いと感じます。

喋りながら考えられる人は、頭の中でバックヤードにたくさんのモノを持っています。しかしながら、これは結構な大人でもできなくなっています。ロジックとかデータのみに頼り、感覚を自分なりに消化して処理する作業を非常に嫌がる風潮はありますね。

しかし、ここから逃げたらアートはまったくできません。

——確かにそうですね。アートは自分の感覚や感性を消化し、重層的な思考がカタチになったものですよね。

たとえば会議でも、「まずはお前の感覚を出してみろ、こっちのフィルターで受けるから」と言う人は皆無でしょう。「お前の直感や感覚を処理してから言えよ」と言う人が圧倒的に多いですよね。

つまり、「直感や感覚だけの会話」を許さない土壌があるのです。それは自分の直感や感覚に自信がない証拠です。自分の直感や感覚に自信がないから、人のそれも尊重できないのです。

誤解のないように申し上げると、「（処理した上で）整理してから言え」というのは正しいんですよ。ただし、その整理自体が、個人の感覚を消化・処理した上で整理し終えた結果のものなのかが重要です。

そうでないと意味がないんですよ。

＊

このお話を聞いて思い出したことがあります。先日、私が主宰するアート・アンド・ロジックのデッサンの講座を受講していただいた方で、アメリカの外資系金融機関に勤務している人と話をしたのですが、会議の際、議題に対してまずは「どう感じるのか？」を尋ねられるらしいのです。

私が思うに、アメリカのしかも金融機関なんて、ロジックとデータの塊のような会社なのにもかかわらず、はじめに個人の感覚を重視する。玄さんがお話しされた「まずはお前の感覚を出してみろ、こっちのフィルターで受けるから」をしていることに驚きました。ロジック一辺倒だったアメリカも、今や思考の重層化を実践しているのに、日本は大丈夫なのだろうかと思った次第です。

何事も、感じて考える態度（アティチュード）が重要

——最後にお聞きしたいのですが、学部から修士、そして助手を6年も務め、10年以上いらした藝大とは、玄さんにとってどういう学校だったのでしょうか？

あまり勉強とか研究のイメージはなかったですね。常にすべての行動が「習慣化」していました。彫刻というカテゴリにーにはこだわらず、現代アートの作品を制作していました。

言い換えると、自分の気持ちのあり方や感覚に注意をして生きていたということです。

——私が普段接している若手のアーティストたちと話すと、「態度（アティチュード）」という言葉をよく使います

今にして思い出すと、時代背景もあるかもしれませんが、当時は職人的な修練を学ぶような場であったと思います。しかしながら私自身は、感じて考える態度、つまりアティチュードを大切にしていました。

このアティチュードは、美術・芸術の分野のみではなく、あらゆるものに通用する普遍的な考えだと思うのです。よく「玄さん、彫刻家から保険屋へと、１８０度違うことをしてますが、違和感はないんですか？」と言われるのですが、自分の中ではまったく違和感

はありません。

作り出していくことはまったく同じなので、カッコ良くいうと、「彫刻のノミが保険証券に変わっただけ」なんです。ちょっとカッコ良すぎますかね（笑）

＊

玄さんのインタビューを通してあらためて感じたことは、思考することの重要性でした。

現在、さまざまな場面で「思考」という言葉が使われています。たとえば、クリティカル思考、論理的思考、パラレル思考、デザイン思考、そしてアート思考などなど。

その中でも近年、ビジネスの世界で「アート思考」という言葉をたびたび耳にします。

しかしながら、この言葉は、とても眉唾な気がしてなりません。なぜなら、アーティスト不在のままに、アーティストが新たな価値を生み出す思考プロセスをビジネスに活用する方法について論じていることが大半だからです。

アーティストを経て生命保険会社に転身した玄さんの言葉、「彫刻のノミが保険証券に変わっただけ」――これはまさにアートを経験された人のみが持つ思考の現れ、つまり「真のアート思考」の実践であると私は強く感じます。

第4章

これからは「アートフルな人材」が日本を引っ張っていく

今の高校生に最も欠如しているものとは？

ここまで、卒業生や在校生の取材、そしてインタビューを基にさまざまな角度から東京藝大の美術学部を深掘りしてきました。アーティストたちの思考、そしてアートに関わる学びが、芸術の分野だけではなくさまざまな分野に活かされていることがおわかりいただけたのではないでしょうか。

この本をお読みになっている方の中には、お子さんがいらっしゃる方も多いのではないでしょうか？

ここ最近、私自身も高校などで特別授業をさせていただく機会が多くあります。そうした場でティーンエイジャーたちと接する中で、「アーティストが持つ考え方は、これからさらに重要になる」と感じずにはいられませんでした。この章では、ここまでの章のおさらいも含めて、私が身をもって感じた創造力の大切さ、そして、私たち大人がアートおよびアーティストたちから何を学ぶべきなのかを考えていきたいと思います。

「はじめに」でも述べたとおり、現在、日本では教育改革が進行中です。その中の一環として、文科省が提唱する「ＳＴＥＡＭ《スティーム》教育」があります。このＳＴＥＡＭ教育とは、以前から提唱されていたScience（科学）、Technology（技術）、Engineering（工学）、Mathematics（数学）を統合的に学習する「ＳＴＥＭ《ステム》教育」にArt（芸術）を加えた教育体系です。

ＳＴＥＭの４科目にアートを融合することで、論理的思考力と創造性を育て、文系的思考・理系的思考に加えて芸術的思考を横断し、創造活動を体験させる。それによって科学的探究の質を向上させ、生徒たちの知的好奇心を呼び起こし、国際社会で活躍しようとする意欲を育てる。それがＳＴＥＡＭ教育の趣旨です。

こうした文脈から、私も今、さまざまな企業や教育機関、たとえば一般の大学から社会人大学院、幼稚園の先生や経営者の方々、そして全国各地の高校まで、広く講演などの機会をいただいています。また講演の最後に、鉛筆で簡単な線や絵を描く体験的なワークショップを参加者の皆さんに体験していただいています（本音を申し上げると、ぜひとも本格的なデッサンを学んでいただき、思考を深めてもらいたいのですが）。

日頃からパソコンを使っている皆さんが鉛筆を持つと、童心に帰るからでしょうか、それぞれに新鮮な気づきが生まれ、とても楽しんでいただけます。

とある地方の高校で開催したときのことが、いまだに脳裏に焼きついて離れません。

そこは普通科と理数科、そして美術科がある学校です。

普通科の高校1・2年生を対象にした授業のあと、前述のように鉛筆と紙で簡単な線を引き、その後に必ず実施する、「思うがままに、なんでもいいから、何かを描く」というワークをしました。

そこで私はとてもショッキングな光景を目の当たりにしました。4分の1ほどの高校生が、頭を抱えて何も描けなくなってしまったのです。

その後、何も描けなくなってしまっている生徒たちに対して、「とりあえず、手を動かしてみようよ、線を引くだけでもいいんだよ」と、何度も声がけをしてみたところ、鉛筆を持った手が徐々に動き出してきたのです。

しかしながら、生徒のうちの数名は、最後まで何も描くことをしませんでした。

この高校は県下でも有名な進学校で、旧帝大や国立大学、そして有名私立大学にも数多くの進学実績を誇っています。大袈裟な言い方をすれば「未来の日本を背負って立つ人材」を輩出すべき学校です。そんな優秀な子供たちが集まる学校で、生徒たちの思考がフリーズしてしまったのです。

実はこの現象は、この高校だけに見られることではありません。

その後もいくつかの高校でこの「思うがままに、鉛筆で何かを描くワーク」を実施したのですが、同じように手が止まってしまい、思考がフリーズしてしまうことが往々にしてあったのです。しかも、そうした高校はいずれも受験偏差値の高い、進学校といわれている学校ばかりです。

おそらく、彼ら彼女らは、与えられた問題や課題に対して、今まで一生懸命に勉強して頑張ってきたことでしょうし、これからも大学受験に向けてひたすら暗記を繰り返し、問題集を解いて、目標の大学に合格すべく頑張っていくことでしょう。

もちろん、高校生の本分は勉強することにあるのですが、知識のみをひたすらインプットすることだけで良いのでしょうか？

進学校の生徒たちの思考がフリーズする状況は、われわれ大人に、無言の警笛を鳴らしています。ＳＴＥＡＭ教育が提唱され、ＶＵＣＡ（volatility：変動性、uncertainty：不確実性、complexity：複雑性、ambiguity：曖昧性）の時代といわれる今こそ、「創造する思考」が未来を担うティーンエイジャーにとても重要ではないかと考えます。

しかし、一方でごく少数ながら、「創造する思考」を鍛えている高校生もいます。

美術科の高校生は目が輝いている！

先の高校では、普通科の生徒を対象にした授業のあとに、美術科の高校1年生と3年生に向けた授業をしました。

美術科1年の生徒たちにも、「思うがままに、鉛筆で何かを描くワーク」をしてもらいました。当然のことながら、自主的にどんどんと鉛筆を走らせていました。

美術科3年の生徒にも、授業の最後にワークを実施するはずだったのですが、ついつい講義に熱が入ってしまって時間切れになり、ワークはできずじまいとなってしまいました。

こちらの高校もそうなのですが、今まで授業をさせていただいた学校のすべてで、授業の最後に感想を自主的に述べてもらいつつ、質疑応答を行うための時間があります。

みんなティーンエイジャー特有のシャイさもあるのでしょうか、生徒たちに声がけをして促しても、自主的に感想を述べる人など皆無に等しく、仕方なく担任の先生が生徒を指して発言をさせます。

美術科の生徒たちからは、私がアートに携わった仕事をしているので、自主的な感想と質疑応答の嵐を期待していたのですが、見事に裏切られました。

しかしながら、とある声がけをした途端に、いっせいに手が上がったのです。

それは次のような言葉でした。

「ここにいる皆さんは、美大を目指しているんですよね？　将来は、アーティストやデザイナーを目指していますよね？

ここで現実的な話をしましょう。当たり前ですが、プロの芸術家やデザイナーは、作品を作ったり、デザインをしたりして生計を立てていきます。ところが、作品やデザインは喋ってくれません。自らの作品やデザインに対して語ることができなければ、職業として食べてはいけません。ちなみに、ピカソもダリも雄弁でした」

手を挙げた美術科の生徒たちの目はきらきらと輝き、強い意志を感じました。ひと声でのあまりの変わりように、私のほうも驚きましたが、本来、彼らの中にはこうした思いがあったことは確かです。

実は、普通科の高校生たちにも私は毎回、次のような声がけをしています。

「将来、社会人になると、自分の意見を述べ、自分の考えを相手に伝えるプレゼンテーションという場が必ずあります。これができないと将来、食べていけません。さぁ、プレゼンしてみませんか？　皆さん、恥ずかしいと思ってる人も多いかもしれませんが、思っていることや感じていることを口に出さないと、これから理不尽なことが、社会人になるとたくさん出てきます。少しの勇気を出してみませんか」

しかしながら、口を開いてくれる人は毎回、ごくごくわずかです。

この大きな差は、どこにあるのでしょうか？

それは、やりたいこと、つまり「ビジョン」があるかないかではないでしょうか？

かくいう私自身の高校生を振り返ってみても、ビジョンのビの字もありませんでした。

私が高校生であった１９８０年代は、日本が経済大国の時代であり、アメリカの社会学者エズラ・F・ヴォーゲルが書いた『ジャパンアズナンバーワン』という本が世界的なベストセラーになり、石原慎太郎とソニーの元社長の盛田昭夫の共著である『「NO」と言える日本』が世界各国で翻訳・出版された時代でした。

この時代の多くの高校生たちは、良い大学に入って大企業に就職すれば一生安泰だと親や先生に教えられていました。私自身、高校時代の先生が口にした「日本には銀行法というものがあり、この法律によって銀行は政府から保護されていて絶対に潰れないので、銀行に入れば食いっぱぐれがない」という言葉が、今でも耳に残っています。

しかし、今の時代はどうでしょうか?

たとえ大企業といわれる会社に入れたとしても、生涯の面倒はみてくれませんし、自分の身は自分で常に切り開いていくしかないのです。そのためには10代の頃から、自分で考え、強い意志を持つ――つまりビジョンを持つマインドが欠かせません。

もちろん、美大を卒業してアートで身を立てられる人はほんのわずかですし、デザイナーとして自分の好きな仕事だけで生活していける人も、ほんのひと握りです。ただ、もし、美術科の生徒たちが将来、好きな道を諦めざるを得ないことがあったとしても、高校生の頃に抱いたビジョンを胸に、一心不乱に絵を描き続けた経験は決して無駄にはならないことでしょう。

日本ではいまだに、「美大に行っても食べていけない、職にありつけない」という風潮が蔓延しています。しかしながら、すでに述べたように、外資系コンサルティング会社やグローバル企業、そしてゲーム会社などは年々、美大卒業生の採用枠を拡大しています。

もしお子さんが、「美大に行きたい」と言ったら儲けものかもしれません。

自らSTEAMを実践するアートフルな高校生

思考がフリーズしてしまう高校生が多い中、ユニークな高校生と出会いました。

東京都内にある中高一貫の私立高校での授業をしたときに、率先して感想を述べ、質問をいくつも投げかけてきた高校1年生の男子生徒でした。

授業終了後には、彼から悩み相談を受けました。その悩みというのが（失礼ながら）とてもユニークなものでした。

高校に上がるまで（附属校なのであえて「上がる」という表現にしています）左脳を鍛え過ぎたので、高校に入ってから右脳を鍛えようと思ったとのこと。毎日、絵を描き続けていると、そのうちに楽器を演奏してみたくなったといいます。そうして楽器に挑戦するうちにギターとベースが弾けるようになり、しばらくすると作曲もできるようになったそうなのです。ところが、彼曰く、右脳ばかりを鍛えすぎたせいか、中学生までは数学の問題がすらすらと解けていたのが、高校生になった途端に、数学の問題を解くのに今までの倍以上の時間がかかるようになってしまったとのこと。どうすれば右脳と左脳のバランスが取れるのかを教えてほしい、というのが彼の悩みでした。

「君は21世紀のレオナルド・ダ・ヴィンチのようだね」と前置きをし、アメリカの伝記作家ウォルター・アイザックソンが書いたダ・ヴィンチの評伝『レオナルド・ダ・ヴィンチ（上・下）』（２０１９年、文藝春秋）を読むことをすすめました。

ご存じのとおり、レオナルド・ダ・ヴィンチは、『モナ・リザ』を描いた画家でありながらも、科学者・エンジニア・建築デザイナーとしても活躍した、右脳と左脳をフル回転させてさまざまな創造をしたルネサンス時代の巨人です。

次の授業が始まるまでに時間がありませんでしたので、簡単に、この本の内容を説明すると、彼は「絵を描くことによって身につけた『観察力』を、数式や法則にも応用していけば左脳と右脳のバランスが取れるんですね、早速、図書館で探してみます」と、大人である私をも驚かせるような言葉が返ってきたのです。

つまり、彼は誰に教わることなく、自らＳＴＥＡＭを実践していたのです。

退路を断たなければならない藝大受験

さて、美術科の高校生たちの話に戻ります。

少子高齢化の波を受けて、大学も生き残りを賭け、以前よりも推薦枠を拡大させている傾向にあるようです。

私立大学にはある一定の推薦枠があることは、私が高校生だった頃から知っていましたが（高校生当時の私は推薦枠にはかすりもしない生徒でしたが……）、近年、国公立大学でも推薦枠を設け、そして広げていることを知りました。

私がこの高校を訪問した際、美術科の先生たちが忙しそうに推薦のための書類を揃えていたのを目の当たりにして、美大に関してもこの傾向が変わらないことを知りました。

推薦をしてもらうためには、当然、それに見合うだけの成績を取っていないと、先生は推薦書を書いてくれません。そのため一般の大学と同様、美術科といえども、ほかの教科もある程度の成績を収めなければなりません。

また、公立の美術大学では、各校とも必ず推薦枠を設けています。そうした推薦枠にも、一般入試と同じように（一般入試ほど高くはないですが）倍率がありますので、ある程度の競争の原理が働きます。

しかしながら、唯一の美術系国立大学である東京藝大には、一切の推薦枠はありません。つまり、藝大受験を決意するということは、退路を断たなければならないのです。成績が優秀で、かつ絵が上手く描けても（ここではあくまで受験絵画を指しています）、数十倍の難関に挑まなければならないということです。

この美術科のある高校には、美術科専門の美術棟があり、そこには天井の高いアトリエが数部屋あります。受験が迫ってくると、アトリエごとに志望校別のブースが設けられ、受験生たちはイーゼルに向かい、志望校の傾向に合わせて、デッサンや水彩画、油絵を来る日も来る日も黙々と描き続けます。

その中でも、東京藝大美術学部の油画専攻を目指す生徒たちのブースだけは異彩を放っています。

なぜなら、今までの章で述べたとおり、他の美大に比べて受験課題の傾向がなく、毎年手を替え品を替え、トリッキーな実技課題が出るからです。写実的な絵を描いている生徒もいれば、抽象画を描いている生徒やひたすら自画像を描いている生徒もいるなど、さまざまな絵を描く人がブースにいます。

私は1日しか滞在しませんでしたが、おそらく藝大志望の生徒たちは、どんなトリッキーな課題が出されても対応できるように、多種多様な絵を描いて受験に臨むことでしょう。

しかしながら、個人には得意・不得意が必ずあります。

勝負は時の運でもあります。「傾向なき受験課題」に対してひたすら絵を描き続けている様は、さながら若い修行僧のようでした。

実技重視といわれている藝大受験ですが、その一方でセンター試験のための勉強もしなければなりません。与えられた課題・問題をクリアするためのセンター試験と、自己の思考を表出させる試験の両方に挑んでいかなければならないのです。合格後に大学が「毒抜き」の時間と場所を与えるのも納得がいきます。

今、私はこの原稿をまさに受験シーズンの真っ只中に書いています。私が出会った美術科の高校生たちを陰ながら応援しています。

海外の美大入試はどんなものなのか

本書は東京藝大にスポットを当てていますが、ここでイギリスとアメリカのアート教育、そして美大入試について、参考までに記しておきます。

イギリスのアート教育と美大入試

世界の現代アートの一翼を担うイギリスは、フランシス・ベーコン、デイヴィッド・ホックニー、ジュリアン・オピー、ポップアートの先駆者であるリチャード・ハミルトン（ビートルズのアルバム『The BEATLES』——通称「ホワイトアルバム」のジャケットデザインで有名）など、世界的に著名なアーティストを輩出し続けています。

しかしながら、アート教育は限られた人しか享受できないという現実があります。地域や州によって多少の違いはあるものの、イギリスの学校での美術教育は11歳でいったん終了します。つまり日本でいう中学1年生の時点で「義務教育としてのアート」が終了するのです。

なぜなら、階級意識が根強く残っているイギリスでは、アートはミドルクラスからアッパークラスのものであるからです。よってそれ以降に美術を選択するのは、ある程度の富裕層の家庭の子女のみとなります。

美大入試に関しては、日本のように必ず1次試験にデッサンが課せられるということはありません。その代わりに、全国で実施される学力試験で高い成績を残さなければ、名門といわれる美大は受験することもできません。

入試は自分の作品のポートフォリオ（作品集）と面接によって行われます。なお、デッサンやクロッキーをはじめとした基礎は入学してから習います。また、日本の美大に比べると（各大学によってカリキュラムは違いますが）、プレゼンテーションや自身の作品のドキュメンテーション（作品を解説するレジュメ）の授業が比較的多いのが特徴です。

以前、日本の美大を中退してイギリスの美大のデザイン科に留学した方からお話を聞いたことがあるのですが、日本の美大受験を経験し、その過程で学んだ学生は、基礎力が身についているので、社会に出てから仕事に困らないそうです。

ちなみにジョン・レノンは、名門美大の出身であり、メンバーの中で唯一、ミドルクラスの出身です。

アメリカのアート教育と美大入試

アメリカの美術教育も州によって多少の違いがありますが、ここでは全米で人口が最も多い州であるカリフォルニア州の教育についてご紹介します。

アメリカでは、日本と同様に中学生までは美術の時間がありますが、日本のように必修ではなく選択制です。なお、高校においても選択制となりますが、本人が選択をしたくても学校側で「絵の才能がない」と判断されると学ぶことができません。これは音楽においても同様です。つまり、「将来の職業選択候補のひとつ」として、アートが位置づけられているのです。

良くも悪くも「現実主義」が根づいているといえるでしょう。

なお、アメリカの美大入試でも、基礎的なデッサン力を求められることはありません。イギリスと同様に、全国で実施される学力試験とポートフォリオの提出、面接によって合否が判断されます。

カリフォルニア州をはじめ、アメリカでは、総合大学の中に芸術学部が置かれていることが多いのが特徴です。なお、芸術学部の中には、音楽科も含まれます。また、絵画・デザイン・彫刻のほかに、ダンスや映画、舞台芸術学科のある大学もあります。映画学科が置かれているのは、世界のエンターテインメントの主要拠点であるハリウッドを擁しているからでしょう。

総合大学以外にも、もちろん単科大学もあります。中でも１９６１年にウォルト・ディズニーによって、２つの学校が合併する形で設立された私立大学・カリフォルニア芸術大学（California Institute of the Arts：通称 CalArtsカルアーツ）は、美術学部の中にキャラクターアニメーション学科があり、『トイ・ストーリー』を手がけたジョン・ラセターは、キャラクターアニメーション学科の第１期卒業生です。

なお、アメリカの大学の学費は世界一高いことで有名ですが、カリフォルニア州の州立大学に限っていえば、州の住民の学費と、州以外のアメリカ人の学費と、海外からの留学生の学費に大幅な違いがあります。州の住民の学費は、留学生の学費よりも格段に安いそうです。

また、アメリカの美術大学には、多くの社会人大学院が併設されています、昼間はデザイナーとして働き、夜は大学院で学んで美術学修士号（Master Of Fine Arts）を取得し、自らのスキルをアップデートする人が日本に比べると多くいます。

イギリスはミドルクラス以上ではないとアートそのものが学べない現実があり、アメリカは才能の足切りを15歳でされてしまいます。それに比べると、日本は特に制限にとらわれることなく、自由に自らの意思で学ぶことができます。やる気と根気さえあれば、日本のほうがもしかするとチャンスは多いのかもしれません。

しかしながら、思考が停止してしまう高校生たちに見られるように、自らを奮い立たせ、行動を起こすことができていない人々が今の日本には多いような気がしてなりません。それはティーンエイジャーのみではなく、われわれ大人もそうなのではないでしょうか？

燃えたぎるような内的モチベーションを引き出すために

私の会社員生活の終わりの時期――２０１０年頃だったでしょうか、当時、20代後半から30代前半の部下たちと面談するとよく出てきた言葉が、「未来が見えない、自分が何をやったらいいのかわからない」でした。今も、ワークショップなどで出会った、当時の部下と同じぐらいの年齢の人たちと話すと、同じような言葉が出てきます。つまり、ここ10年くらいの間、同じような言葉を常に耳にするのです。

しかしながら、私が今までに出会った、彼らと同じ世代の東京藝大の現役生・卒業生たちからは一切、このような言葉を聞いたことがありません。もちろん、彼らと杯を交わすと、必ずと言っていいほど「将来に対する不安」の話は出てきますが、「そうは言っても、自分を信じて作品を作り続けていくしかない」という結論に達します。

彼らは当然のことながら作品制作をし続けていますが、日々、順調にことが運ぶというわけではありません。キャンバスの前に佇んで、何もしないまま1日が過ぎることもあるはずです。

われわれと同じように、気分が乗る日もあれば、乗らない日もあるのです。

唯一、違う点は、一切の指示・命令が出されないことです。

もちろん、所属するギャラリーでの個展や展示がある場合には、当然のことながら納期はあります。この場合は、所属ギャラリーのオーナー（一般的には「ギャラリスト」と呼ばれています）と話し合って会期や納期を決めていきます。

そうした例外を除けば、すべてが自分次第であり、すべてが自分ごとなのです。

彼らのコアにあるものは、燃えたぎるような内的モチベーションです。

内的モチベーションとは、以前にも記しましたが〝自分で考え、意味を作り、強い意志を持って実行できる内からの力〟そのものです。

たとえば第3章でご登場いただいたような、藝大を卒業され、今はビジネスの分野で活躍されている方々も、この内的モチベーションに基づいて日々お仕事をされています。アートを学んでいない私たちも、彼らの思考を知ることで、内的モチベーションを活性化させるための糧を得られるのではないでしょうか？

ここでは、玄さんのインタビューで出た言葉を少し掘り下げてみたいと思います。

思考の重層化と自身の態度（アティチュード）

「問題児も楽ではないし、自分を曲げないから問題児扱いされる」――この言葉に、私は故スティーブ・ジョブズが90年代後半に復活した際のアップルのキャンペーンスローガンである〝Think Different〟の一節を思い出しました。

> クレージーな人たちがいる、はみ出し者、反逆者、厄介者と呼ばれる人たち、場に馴染めない人たち、物事をまるで違う目で見る人たち（中略）しかし彼らを無視することは誰にもできない、何故なら、彼らは物事を変えたからだ。（中略）自分が世界を変えられると本気で信じる人たちこそが本当に世界を変えているのだから
>
> （1997年　アップル60秒CMより）

人と違うと思ったら、自身に蓋をするのではなく、それを実行する「勇気」こそが必要なのではないでしょうか。

私たちは仕事の中でも、自身が本来持つ感覚や直感をなおざりにして、表層的な数字やデータのみに日々頼りすぎているのではないでしょうか。

もちろん数字やデータに基づく事実、つまり「ファクト」も大切ですが、振り返ってみると「ロジックとしては正しい結論が導かれそうなのに、結果として正しい結論が導かれな

かった」という経験が意外に多いのではありませんか？

ここで大切なのが「思考の重層化」。つまり「論理」と「感覚」のレイヤーを重ね合わせることなのです。そのためには、感じて考えるという「態度（アティチュード）」を持って何事にも接しなければなりません。

「アティチュード」という言葉は、アーティストと話をすると、頻繁に出てきます。この言葉には、「気持ち」「心構え」「姿勢」「考え」という4つの意味が含まれています。

作品は、それがどんなものであれ、カタチに現れます。つまり必ず個々人の「アティチュード」が表出化されているのです。

「ノミが証券に変わっただけ」――玄さんのこの言葉の根底には、深い意味があるのです。

藝大時代の先生の言葉で印象に残っているという「才能とはやりたいことをできる環境に自分を置くことをいう」。これは、才能とは「努力」と「葛藤」によって成り立っていることを物語っています。

彫刻家を辞めて崖っぷちに立たされ、生命保険のセールスを始めたときに、「やらなしゃーない」と強く感じ、行動したのは、自分を今までと180度違う環境に置く強い意志があってこそです。ダーウィンが進化論で述べている「唯一生き残ることができるのは、変化できる者である」のまさに実践です。

芸術家たちは常に作品が変化しています。たとえばピカソがわかりやすい例ではないでしょうか。青の時代から始まり、キュビズムの時代、シュールレアリズムの時代など、作品が目まぐるしく変化しています。

〝やりたいことをできる環境に自分を置くこと〟とは、まさに変化し、進化し続けることの根源なのです。

アートが持つ理力（フォース）

取材やインタビューを通して、多くのアーティストやアートを学んだ人たちと対話を重ねてきましたが、彼らが持つ力を、私は理力（ことわりの力＝フォース）と命名したいと思います。

この理力とは、正しい道理に基づいて使うべき、各々の「自律する力」であり、次の３つだと考えています。

①言語と非言語、具象と抽象を網羅する理力
②好奇心を持ち、問う理力
③熱狂的に没頭できる理力

以下、東京藝大で学んだ、また現在も学び続けている方々の3つの理力をまとめます。

①言語と非言語、具象と抽象を網羅する理力

私たちの多くは、ほぼ言語のみの世界で生きています。特に仕事の場においては、日々の会議や商談など、言語が支配する世界で、言語によるコミュニケーションを交わしています。また、言語の世界の中でも、具体的な言葉を用いて、誰が聞いても理解しやすいような表現を心がけているのではないでしょうか？

私もその昔は、「お前の言っていることは抽象的すぎてよくわからん、もっとわかりやすく具体的な言葉で表現しろ」と上司によく注意されたことがありました。読者の皆さんの

中でも、商談の場で「具体的な事例があればご説明をお願いできませんか」とクライアントから促されたことがある方も決して少なくないはずです。

もちろん、たとえばドラマや映画などは、言語と画像（動画）が紐づいたものですので、仕事がオフのときは非言語の世界にも足を踏み入れることがあるでしょう。

ところが、本書で取材をさせていただいた東京藝大出身の方々は、非言語の世界で生きています〈図表1〉。

藝大入学の前は、特に非言語の世界における具象の分野で徹底的に鍛錬を重ね、守破離の「守」を身につけます。入学後に多くの

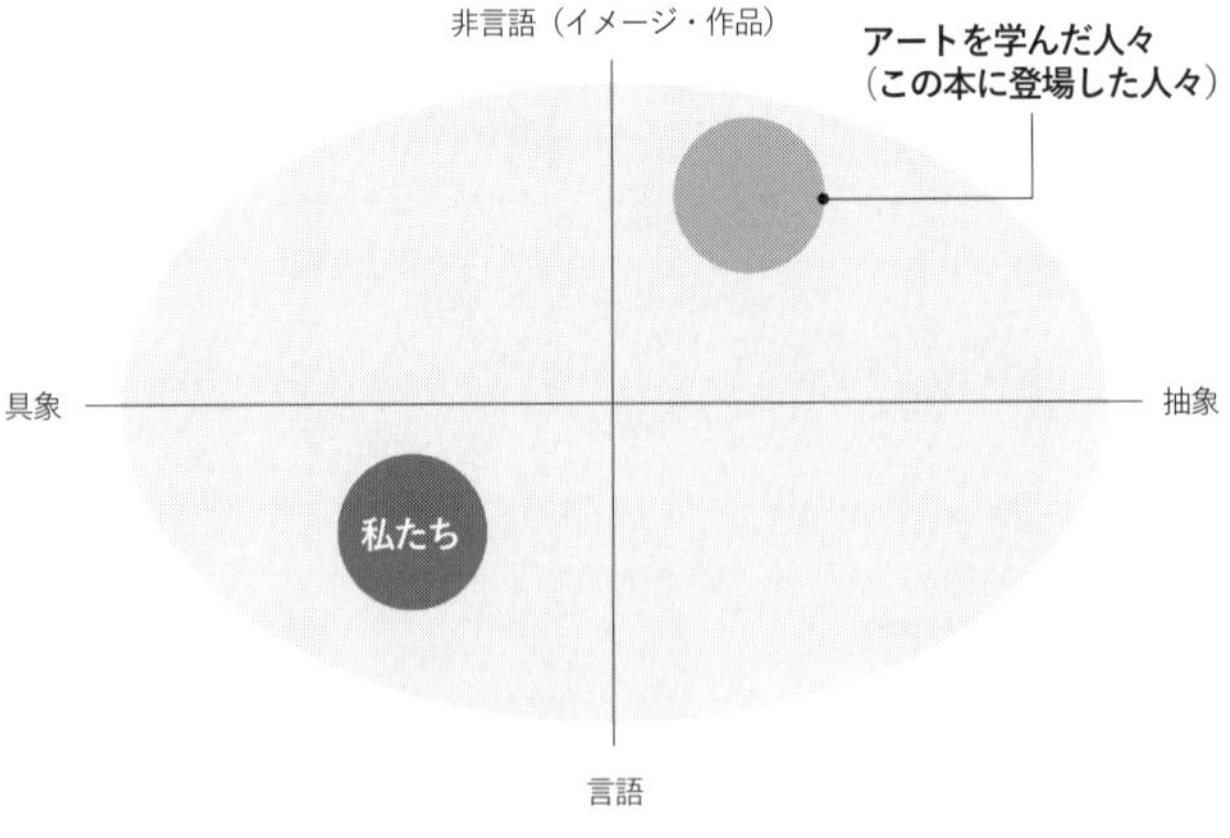

図表1　言語と非言語

人々は、非言語の世界における抽象の分野で表現をアップデートしていき、「破」そして「離」へと向かいます（なお、抽象表現が中心の現代アートが主流の現在でも、具象の世界で自身の作品をアップデートする人々ももちろん存在します）。

しかし彼らは、非言語の世界で生きていながらも、自身の作品を言語化することを必ず行います。すでに触れた学生時代の講評会はこれにあたります。卒業後にアーティストの道に進む人々は、作品や展示に関わるドキュメンテーションを作成したり、中には「アーティストトーク」と呼ばれる、自身の作品を自ら語る〝場〟もあります〈図表2〉。

ちなみに東京藝大の卒業生で、現代美術の世界で知られ、第2章のインタビューの中で

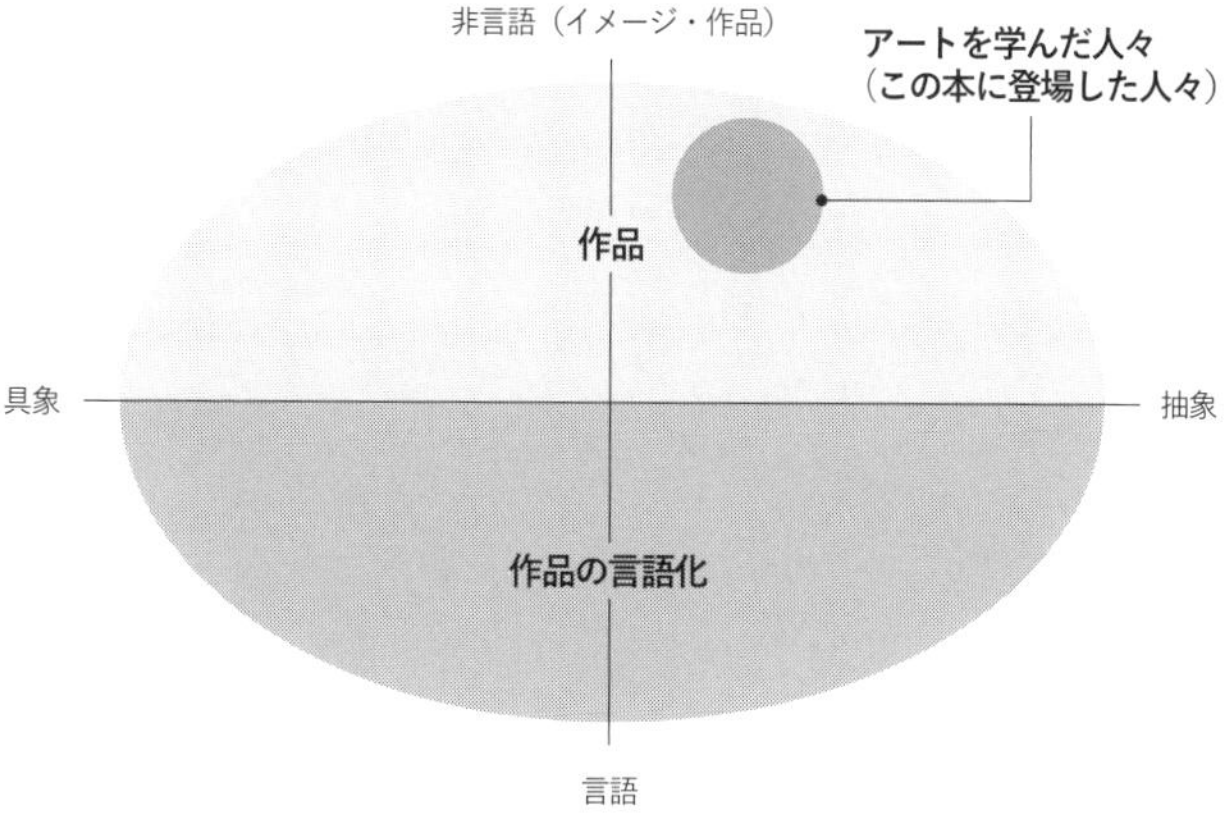

図表2　作品とその言語化

も名前が出てきた会田誠氏は、絵画作品や立体作品のほかにも、文章表現のみによる作品も制作しています。

彼らは視覚的に捉え、かつ言語で考える重層的な思考を持っているのです。

この点、先ほども少しインタビュー中の言葉を取り上げた玄さんの「言語は思考を支配してしまう」というお話が印象的でした。アーティスト時代に深く触れた「言語と非言語」「具象と抽象」の世界を往復し、それぞれを融合した道筋の先に、「顧客の立場に立つ」というステージがあるのだと思います。

「イメージできないことはカタチにできない」という言葉があります。

イメージを日々カタチにするアーティスト、そしてイメージをカタチにすることを徹底的に実践してきた経験をビジネス界に活かしている卒業生の方々は、空気をつかんで自在に操り、それを着地させ、具現化させる術を身につけているのです。

②好奇心を持ち、問う理力

取材をさせていただいた多くの方には、共通した口癖があります。

それは「なんだろう?」という言葉です。

この言葉、皆さんも幼少期によく使っていませんでしたか?

しかし、ある程度の年齢にさしかかると、私たちは世の中のさまざまなことや現象に対して、あまり疑問を持たなくなるのではないでしょうか。そして、疑問を持たなくなるのと引き換えに、さまざまなことを頭にインプットしていきます。

学生時代であれば、英単語を覚えたり、公式を暗記したり、歴史の年号を念仏を唱えるように（たとえば鳴くよ〔７９４年〕うぐいす平安京とか、大化の改新蒸し殺す〔６４５年〕など）暗唱したりなどです。

社会人になってからも、担当する業界の専門書を読んだり、資格試験のために文章を丸暗記したり、法令を勉強したりなどの経験がある方もいることでしょう。

そしていつしか、「物事に疑問を持ち、問うこと」をしなくなります。

登場していただいた方々は皆、必ず「基礎デッサン」を学んでいます。

現在、事業構想大学院大学で教授をされていらっしゃる丸尾さんのエピソードで、コンサルティング会社時代にクライアントにデッサンをさせると観察力が上がり、見えていなかった隠された課題がどんどん見えてくるというお話を紹介しました。

観察すればするほど、観察力が好奇心を引き出します。そしてこの好奇心がさらなる観察力を促し、それが問う力、つまり「なんだろう？」へと昇華します。そうして自分の中から問題提起がなされ、創造へとつながっていくのです。

かのルネサンス期の巨人、レオナルド・ダ・ヴィンチは、常に腰からノートをぶら下げて、目に留まったものを片っ端からスケッチしていました。客観的な史料からも、彼が好奇心の塊であったことは紛れもない事実であり、この好奇心によって、『モナ・リザ』や『最後の晩餐』が生まれ、数々の建築物の設計や発明品へとつながっていったのです。

③熱狂的に没頭できる理力

皆さんは最近、時間を忘れて何かに没頭したことがあるでしょうか？

趣味をお持ちの方は、あるに違いありません。読書が趣味の方は本を読んでいて気づいたら夜が更けてしまっていたり、音楽鑑賞が趣味の方は懇意な演奏家のコンサートやリサイタルに行くとあっという間に時がすぎた経験があると思います。旅行が趣味の方も旅行中はいつもより時間の流れが早く感じられることでしょう。

仕事をしているときはどうでしょうか？ 日々の目まぐるしいスケジュールや納期に追われ、没頭するどころか忙殺されてしまっているのが現実ではないでしょうか？

序章でも述べたように、アーティストたちの中には、作品制作することを〝仕事〟と表現する人が少なくありません。もちろん、作品を制作することは、彼らにとっての仕事ですので当たり前のことではありますが、彼らはあくまで「自身の内的モチベーション」に基づいて作品制作を遂行します。

時間に縛られることもありませんし、ましてや「働き方改革」の意識などもありません。一度スイッチが入って筆を握ると、寝食を忘れ、気づいたら朝になっていたこともよくあります。

つまり、仕事において「熱狂的な没頭」を何度も繰り返しているのです。

もちろんこれはアーティストに限ったことではありません。主に第3章でご紹介した方々のビジネスへの情熱も根っこは同じですし、ひいては私たちの仕事にとっても同じなのではないでしょうか。

おわりに　芸術家を活かせない国に未来はない

冒頭でお話ししたとおり、十数年ぶりの親戚との出会いが発端となって、この10年弱の間に何人もの東京藝大美術学部のOB・OGや現役の学生、先生方と出会いました。

私自身、たまたま芸術家系に生まれたものの、美術の世界に進む気などさらさらなく、大した意志も持たずに、「一般大学の経済学部に行けば、どこかの企業に入ることができて、一生を可もなく不可もなく、平々凡々と過ごしていけるだろう」と思っていました。

そしていざ会社に入ってみると、時は昭和のバブル期真っ最中で、当時の流行り言葉は「24時間戦えますか！」でした。世の中はイケイケドンドンで、働いていれば給料は上がり、毎週金曜日になると飲めや歌えやで、カラオケボックスで朝を迎えることがザラでした。

そうして気づくとバブルが弾けて景気が悪くなり、そしてまた何年かするとネットバブルが到来し、また数年するとリーマン・ショックで景気が冷え込み、気づいたら日本はどんどんとリセッションへ向かってしまっています。

そんな日本を取り巻く状況の中、常に自律心を持ち、自己と向き合い、ひたすら真摯に作品制作をするアーティストたちと出会い、感銘を受けました。

「灯台下暗し」とはよく言ったもので、アーティストたちとどんどん懇意になっていく矢先に、洋画家である父が亡くなりました。思えば私が小さい頃、画家の先輩や後輩が家に来て、絵画論をよく戦わせていました。まったくアートに興味がない少年であった私は、「なんで絵に対してそんなに夜を徹してまで語れるのか」と疑問に思っていました。

当時は高度成長期は終わったものの、日本は経済大国として君臨しており、父は鉄道会社や石油会社に絵を教えに、都内の本社オフィスに行っていました。

ちなみに、本文でインタビューをした和田さんのお父様は、石油会社に勤務しており、私の父から絵を習っていたそうです。とはいえ、彼のお父様の話によると、私の父は役員と談笑ばかりして、一般社員にはあまり絵画指導をしていなかったそうです（和田さんのお父様、申し訳ございません。この場をもって亡き父に代わって謝ります……）。息子として贔屓目に見れば、当時のこの石油会社の役員は、アーティストが持つ思考を学んでいたのかもしれません。

「企業とアート」の話をもう少しだけ。私自身、小学生の頃から、父に連れられてブリヂストン美術館（現アーティゾン美術館）や出光美術館、サントリー美術館などを訪れた記憶があります。

日本の復興期や高度経済成長期を支えた偉大な経営者の多くは絵画コレクターであり、美術館を設立していました。特に当時のブリヂストン美術館は、社会人向けに当時の巨匠たちを美術講師に迎えデッサン教室を開催していました。

当時のブリヂストンの社是は、「最高の品質で社会に貢献」です※。最高の品質を創造（クリエイト）するために、アーティストたちから美意識を学んでいたのでしょう。

今にして思うと、当時の日本の会社はアーティストをリスペクトし、アートの持つ力を少なからず会社の原動力のひとつとして捉えていたのではないかと考えます。

２０２０年の1月、旧ブリヂストン美術館は新たにフロアを拡大し、アーティゾン美術館としてリニューアルしました。

このアーティゾン美術館というネーミング、実はブリヂストン創業者の石橋正二郎が、生前に考えていたものだそうです。ところが美術館の名前を変えようと思った矢先に病に倒

※ https://www.bridgestone.co.jp/corporate/manage/philosophy/

れて帰らぬ人となってしまい、美術館の名前を変更できずにいたそうです。数十年を経てやっと故人の遺志が叶い、このアーティゾン美術館という名前になりました。

なぜ、ブリヂストン美術館からアーティゾン美術館にしようと思ったのでしょうか？私が察するに、この美術館を単なる企業のイメージ戦略や広報活動の一環として位置づけたくはなかったのでしょう。

このエピソードに、強い志を感じざるを得ません。戦後の焼け野原から復興し、世界でも類のない高度経済成長を成し遂げたのは、こうしたアートフルな志であったのです。

つい先日、神田での打ち合わせの帰りに久々に神保町に寄ったところ、古書店の店先にあった安藤広重の複製画が思わず目に留まりました。早速、購入して、この原稿を書いているパソコンから視座を上げた壁に貼り出しました。ここ数年、現代アートをはじめ西洋作品ばかりを観ていた私にとって、あらためて観る広重の絵はとてもクールです。

後期印象派の画家たちに多大なる影響を与えたジャポニズム。令和の時代こそ、われわれ日本人の中に眠っているアートマインドを目覚めさせ、「ネオジャポニズム」を興しましょう。

本書の執筆にあたり、私の取材に快く応じてくださった皆さんに心より感謝申し上げます。

加えて、書籍刊行にあたり出版社を紹介していただいた、イタリア・ミラノ在住の安西洋之さん、そしてこの書籍に関するアドバイスをいただきました堀部直人さん、牧野類さんにも、この場を借りて御礼を申し上げます。

最後に、この書籍を書き上げることができた原動力は、日々、創造への飽くなき挑戦をしている、今まで出会ったアーティストの方々にあることを記しておきます。

一立斎（安藤）広重『東海道五十三次之内 四日市 三重川』

参考文献

『ハイ・コンセプト――「新しいこと」を考え出す人の時代』ダニエル・ピンク〔著〕大前研一〔訳〕三笠書房

『天才！　成功する人々の法則』マルコム・グラッドウェル〔著〕勝間和代〔訳〕講談社

『悲しき熱帯Ⅰ』レヴィ＝ストロース〔著〕川田順造〔訳〕中央公論新社

『新編　美術解剖図譜』東京芸術大学美術解剖学教室〔編〕日本出版サービス

『ハッカーと画家――コンピュータ時代の創造者たち』ポール・グレアム〔著〕川合史朗〔監訳〕オーム社

『20世紀の美術』末永照和〔監修〕美術出版社

『貧困のない世界を創る――ソーシャル・ビジネスと新しい資本主義』ムハマド・ユヌス〔著〕猪熊弘子〔訳〕早川書房

『誰のためのデザイン？』D・A・ノーマン〔著〕岡本明／安村通晃／伊賀聡一郎／野島久雄〔訳〕新曜社

『富の未来（上・下）』アルビン・トフラー／ハイジ・トフラー〔著〕山岡洋一〔訳〕講談社

『造形思考（上・下）』パウル・クレー〔著〕土方定一／菊盛英夫／坂崎乙郎〔訳〕ちくま学芸文庫

『ジャパンアズナンバーワン――アメリカへの教訓』エズラ・F・ヴォーゲル〔著〕広中和歌子／木本彰子〔訳〕ティビーエス・ブリタニカ

『NOと言える日本――新日米関係の方策』盛田昭夫／石原慎太郎〔著〕光文社

『レオナルド・ダ・ヴィンチ（上・下）』ウォルター・アイザックソン〔著〕土方奈美〔訳〕文藝春秋

『コンセプチュアル・アート』トニー・ゴドフリー〔著〕木幡和枝〔訳〕岩波書店

【著者略歴】

増村岳史（ますむら・たけし）

アート・アンド・ロジック株式会社 取締役社長

学習院大学経済学部卒業後、株式会社リクルート入社。マーケティング・営業を経て映画・音楽の製作および出版事業を経験。リクルート退社後、音楽配信事業に携わったのち、テレビ局や出版社とのコンテンツ事業の共同開発に従事する。2015年、アートと人々との垣根を越えるべく誰もが驚異的に短期間で絵が描けるプログラムを開発、企業向けにアートやデザインを通して脳を活性化し、新たな知覚と気づきの扉を開くアート・アンド・ロジック株式会社を立ち上げ、現在に至る。代々のアート家系で、人間国宝・増村氏の血筋。著書に『ビジネスの限界はアートで超えろ！』（ディスカヴァー・トゥエンティワン）がある。

東《とう》京《きょう》藝《げい》大《だい》美《び》術《じゅつ》学《がく》部《ぶ》　究《きゅう》極《きょく》の思《し》考《こう》

2021年 6月 1日　初版発行
2021年 6月28日　第2刷発行

発行　**株式会社クロスメディア・パブリッシング**

発行者　小早川幸一郎
〒151-0051　東京都渋谷区千駄ヶ谷4-20-3 東栄神宮外苑ビル
https://www.cm-publishing.co.jp

■本の内容に関するお問い合わせ先 …………………… TEL (03)5413-3140 ／ FAX (03)5413-3141

発売　**株式会社インプレス**

〒101-0051　東京都千代田区神田神保町一丁目105番地

■乱丁本・落丁本などのお問い合わせ先 ……………… TEL (03)6837-5016 ／ FAX (03)6837-5023
service@impress.co.jp
（受付時間　10:00～12:00、13:00～17:00　土日・祝日を除く）
※古書店で購入されたものについてはお取り替えできません

■書店／販売店のご注文窓口
株式会社インプレス　受注センター ……………………… TEL (048)449-8040 ／ FAX (048)449-8041
株式会社インプレス　出版営業部 ……………………………………………………… TEL (03)6837-4635

ブックデザイン　上坊菜々子
DTP　荒好見
校正　小倉レイコ

印刷　株式会社文昇堂／中央精版印刷株式会社
製本　誠製本株式会社
ISBN 978-4-295-40534-4　C2034